『世界的金融危機の構図』　正誤表

申し訳ありませんが、以下のように訂正させていただきます。　著者

	誤	正
17頁左2行	大少	大小
64頁右2行	ファンタム	クォンタム
94頁右3行	であるようかのよう	であるかのよう
106頁右8行	新期	新規
123頁右1行	多くののリスク	多くのリスク
138頁右4行	臆ドル	億ドル
162頁右9行	1000ユーロ	1000億ユーロ
173頁左6行	RRB	FRB
176頁右10行	貧国	貧困
193頁左4行	依存するよるもの	依存するもの
204頁右3行	1兆5000億	1兆5000億ドル
212頁右4行	シャード・バンク	シャドーバンク
vi頁下4行	緊急経済定化	緊急経済安定化
viii頁上3行	7870億	7872億

世界的金融危機の構図

井村喜代子

keiso shobo

世界的金融危機の構図　目　次

略語一覧・囲み目次

図目次

世界的金融危機の構図

序説

今回の世界的金融危機は〝百年に一度〟、あるいは〝一九二九年大恐慌以来〟といわれることが少なくない。しかし今回の金融危機は資本主義の歴史では経験したことのない新しい質のものであって、これまでの金融危機とは比べられない深刻な内容をもっている。本書の課題は、この世界的金融危機の根源とこれが惹起されていった構図を明らかにし、今回の世界的金融危機がいかなる意味で資本主義の歴史で例のない新しい質のものであるのか、現代資本主義にとっていかに深刻なものであるかを明らかにすることである。

まず今回の世界的金融危機の経過を簡単に見たうえで、本書の課題と分析視角を示すことにする。

事実経過（概要）

①　米国のサブプライム住宅ローンの焦付き問題が表面化した契機は、二〇〇七年六月二二日、米国投資銀行第五位のベアー・スターンズが傘下のヘッジファンド二社の経営危機と資金援助を発表し、七月に米国格付会社がサブプライムローン関連の「RMBS（住宅ローン債権担保証券）」、「CDO（七九頁）」を大量に格下げしたことである。

これが世界に大きな衝撃を与えたのは、この米国の住宅ローン焦付き問題がただちにヨーロッパ諸国で火を噴いたからである。八月九日、フランスの最大手銀行BNPパリバが傘下の三ファンドを凍結し、ECB（欧州中央銀行）はただちに翌日、きわめて大規模な緊急資金供給に乗り出した。震源地の米国ではFRB（米国連邦準備制度理事会）も緊急資金供給を行った。

②「証券化商品」の価格下落・格下げ、投げ売りが拡がり、大手銀行傘下のSIV（証券化商品の運用事業体）の経営危機・破綻と「ABCP（資産担保コマーシャルペーパー）」市場の混乱・一挙収縮が惹起される。〇七年末以降〝モノライン（金融保証専門の保険会社）危機〟が現れた。

〇八年三月ベアー・スターンズが破綻、FRBが投資銀行への事実上の救済融資という異例の措置をとって、JPモルガン・チェース銀行がこれを救済合併した。このFRBの措置とその直後の金融支援策によって金融不安は一応沈静化したといわれた。

③　しかし〇八年九月には信じられないような超大型金融機関の破綻が相次ぎ、主要金融機関の破綻、金融市場の機能麻痺が拡がる世界的金融危機に突入した。

〇八年七月、米国政府が「GSE（政府支援企業）」である超大型のファニーメイ（連邦住宅抵当金庫）とフレディマック（連邦住宅金融貸付公社）二社の経営危機を救済すると発表し、大規模な救済策をとったが効果はなく、九月はじめに二社に巨額の公的資金を注入しこれらを政府の管理下に置いた。

九月一五日には米国投資銀行第四位のリーマン・ブラザーズの倒産という一大衝撃が世界を駆け巡った。負債総額六一三〇億ドル（約六三兆八〇〇〇億円、円換算はその時点の為替相場による、以下同じ）、米国史上最大の倒産であった。同日、同第三位のメリルリンチをバンク・オブ・アメリカが救済買収した。翌日には、世界最大の米国保険会社AIGが経営破綻し、政府が巨額の緊急融資を行ってこれを政府の管理下に置いた。九月二一日、FRBは米国投資銀行第一位ゴールドマン・サックス、第二位モルガン・スタンレーについて公的資金投入可能な銀行持株会社への移行を容認した。こうして一九九〇年代以降、驚異的成長を遂げてきた大手米国投資銀行がすべて消滅した。

これらの破綻をめぐって「CDS（金融保証のデリバティブ）」のリスク発現＝損失の連鎖が急浮上し、〝CDS危機〟が世界規模で拡がっていった。

④ この結果、九月二九日ニューヨーク株式市場で株価は大暴落し、その後も米国金融危機の深化とそれによる世界同時不況の不安から、世界同時株暴落が繰り返された。

⑤ 米国は一〇月三日、金融機関不良資産買取りを柱とする七〇〇〇億ドル（約七五兆円）の「緊急経済安定化法」を成立させるとともに、政策金利であるFF金利の引下げを繰り返し、FF

金利は一二月一六日にはついに史上経験したことのない事実上のゼロ金利状態に突入した。EUではリーマン破綻後、金融危機と実体経済悪化が深刻化したため、ECB、BOE（英国中央銀行）等も金利引下げを始め、EUの財政抑制規律を棚上げにして赤字財政出動を進めた。

⑥ 米国はじめ各国の政府・中央銀行も、金融機関も、最初から金融不安の実態をまったく把握できず、金融危機が深刻化する危険を予想することもできなかった。IMF「世界金融安定性報告」は金融機関全体の損失額見込みを〇七年九月最大二〇〇〇億ドル（約二二兆円）から〇八年一〇月一兆四〇五〇億ドル（約一四三兆円）、〇九年一月には二兆二〇〇〇億ドル（約一九六兆円）へと変更した。

⑦ 〇八年秋以降には、金融危機は実体経済を巻き込んで、世界的に経済停滞・失業増大が深刻化していった。米国ではとくに自動車産業ビッグ・スリーの経営危機が表面化し、政府支援にもかかわらず、大戦後米国の繁栄の象徴であったGM（ゼネラル・モーターズ）がついに〇九年六月米国連邦破産法一一条適用を申請し、国有化された。

⑧ 〇九年一月就任したオバマ米国新大統領は、二月「米国再生・再投資法」で七八七二億ドル（約七五兆円）にのぼる過去最大規模の景気刺激策を打ち出し、世界に向かって財政出動を求めているが、米国財政赤字はすでに〇九年会計年度（〇八年一〇月～〇九年九月）一兆八〇〇〇億ドル（一七四兆円）、GDP比一三・一％という未曾有の赤字となっている。

（以上、より詳しくは第八章を参照されたい。）

事実の経過が問いかけるもの

この事実経過は次のような問題を問いかけている。

第一は、サブプライム住宅ローンの焦付きから生じた金融不安が、なぜこのように次々と新しい分野で火を噴き、世界を覆う金融危機となっていったのかということである。サブプライム住宅ローン残高は〇六年末約一兆三〇〇〇億ドル（約一四七兆円）規模に拡大したが、それでも約一〇～一一兆ドルといわれる米国の（個人用）住宅ローン残高全体の一二％程度であり、サブプライム住宅ローンの延滞（九〇日以上延滞もしくは債務不履行）率は〇七年一～三月時点で一四％である。この延滞率の上昇予想が引き金となったのであるが、問題はこれだけの延滞がなぜ次々と新しい分野のリスク発現＝損失を誘発し、大手金融機関の破綻、金融市場の機能麻痺を惹起していったかということである。

第二は、第一と関連し、米国はじめ各国の政府・中央銀行も、金融機関経営者自身も、金融不安の実態を把握できず、世界的な金融危機に拡がる危険を予想できなかったのはなぜか、損失額見込みを何回も大幅に拡大変更するようになったのはなぜか、ということである。

第三は、この過程で、資本主義の歴史でこれまで（一九七〇年前まで）には存在しなかった住宅ローン関連のRMBS・CDOや、金融保証デリバティブのCDS等が現れ、これまで経験もしなかったCDO投げ売り、〝ABCP市場混乱〟、〝モノライン危機〟、〝CDS危機〟等が相次いだのはなぜか、また大手金融機関の破綻がこれらをめぐる破綻であったのはなぜか、ということである。

本書の課題と分析視角

(1) 本書の基本的な分析視角は、このような新しい世界的金融危機が生じた「根源」を明らかにして、その「根源」を分析の基礎に据えることである。本書第I部で見るように、第二次大戦後の現代資本主義が一九六〇年代末以降行き詰まってしまったのに対し、米国が金ドル交換停止による金融の自由化・国際化と新自由主義政策を柱にした、新しい世界経済戦略を打ち出したのである。これによって基軸通貨国・米国を中心に、金融が実体経済から独立して、金融の部面それ自体で金融収益を求める投機的金融活動が本格化したのである。筆者がかねてから主張してきた「実体経済から独立した投機的金融活動」の本格化である。同時に規制緩和・競争市場原理の世界化により、金融・産業活動の世界的展開と先進諸国の産業の空洞化が進展する。現代資本主義の「変質」・金融の「変質」である。

本書はこのことを分析の基礎に据え、世界的金融危機をその「根源」から解明しようとする。

なお今回の世界的金融危機に関するこれまでの分析ではそのほとんどが、二〇〇〇年代の米国の景気対策のもとで生じた事態以降を対象にするものか、あるいは一九九〇年代中葉以降の「証券化」の進展を対象とするものである。また最近では、二〇〇八年九月に発生した巨大金融機関破綻、とくにリーマン・ブラザーズ破綻以降を対象にした世界的金融危機、経済恐慌の分析も増えている。

（2）本書の課題は、この「実体経済から独立した投機的金融活動」が、住宅ローン債権の「証券化」（RMBS）、とくにRMBS等証券の「再証券化」（CDO）を爆発的に進めるとともに、これら証券をめぐる新しい巨大金融取引（ABCP、CDS等）を生み出したこと、ここに「金融取引の重層的拡大の諸連鎖」が構築されたが、これは「リスク累増の諸連鎖」であり「世界的金融危機を惹起していく諸連鎖」の構築でもあったこと、を解明することである。

ところで、世界的金融危機の考察で重要になるCDO、CDS等は、複雑きわまりない仕組みで、その組成内容やリスクの存在は誰の目にも見えなくなっているうえ、多くの種類のものがあり、しかも急速に変更され合成されている。このことが世界的金融危機について一般の人々の理解を困難にしているものと思われる。

本書の課題は、このようなCDO、CDSの実態を踏まえたうえで、理論的にCDO、CDSの仕組みの基本とその基本的特徴を探り出し、金融工学にもとづいてリスクの分散・移転によってリスク問題を「解決」したというCDO、リスク回避の手段といわれるCDSが、リスクを回避できないばかりか、リスクを増幅し新しいリスクを生み出し、リスクを世界中に拡げていくものであることを解明することである。

本書の目的は現状分析そのものではない。現状を踏まえたうえで、「実体経済から独立した投機的金融活動」の基本的特徴、CDO、CDS等の基本的な仕組み・特徴、金融膨張・金融収益膨張の内実……等を明らかにすることである。投機的金融活動・金融取引の膨大化が、将来に対する期待・幻想を膨らませ、この期待・幻想の膨張によっていっそう促進されるということ、そこで生み出される資産価値膨張・金融収益は、実体的富＝価値物ではなく、金融取引の膨張それ自体から生まれた「虚の資産価値」の膨張、「虚の金融収益」の膨張であること、金融が実体経済を動かし「実体経済のあり方」を歪めてしまっていること……等も明らかとする。

（3）本書の分析では、金ドル交換停止・初期IMF体制の崩壊の後、国家、とくに基軸通貨国特権をもつ米国が、信用膨張・通貨膨張・財政赤字による経済政策を遂行できる力を強化したことにもとづいて、恐慌を抑制する力をも格段と強化したことを重視している。今回の金融危機発生に対し、米国および先進諸国の国際的協調は史上例のない徹底的な金融救済対策を次々と打ち出していった。だがかかる強力な金融救済政策は、一応金融危機を沈静化するとしても、実体経済停滞・大量失業を克服することをかえって困難なものにしていったし、投機的金融活動が新しい分野で新しい手法で活発化する基礎を温存させることになった。

略語一覧

ＡＢＣＰ（Asset-Backed Commercial Paper）資産担保コマーシャルペーパー
ＡＢＳ（Asset-Backed Securities）資産担保証券
ＢＩＳ（Bank for International Settlement）国際決済銀行
ＢＯＥ（Bank of England）英国中央銀行
ＣＤＯ（Collateralized Debt Obligation）一般訳は「債務担保証券」だが、本書ではＣＤＯのまま
ＣＤＳ（Credit Default Swap）クレジット・デフォルト・スワップ、金融保証のデリバティブ
ＣＥＡ（Council of Economic Advisers）米国大統領経済諮問委員会
ＥＣＢ（European Central Bank）欧州中央銀行
ＥＵ（European Union）欧州連合
ＦＦ金利（Federal Funds Rate）ＦＲＢが誘導目標を決める短期資金調達金利
ＦＨＡ（Federal Housing Administration）連邦住宅局
ＦＲＢ（Federal Reserve Board）米国連邦準備制度理事会（中央銀行制度の最高意思決定機関）
Ｇ５／Ｇ７（Group of five/Seven）五／七ヵ国財務相・中央銀行総裁会議
ＧＳＥ（Government-Sponsored Enterprises）政府支援企業
ＩＭＦ（International Monetary Fund）国際通貨基金
Ｍ＆Ａ（Mergers and Acquisitions）企業合併・買収

RMBS（Residential Mortgage-Backed Securities）住宅ローン債権担保証券
　MBSとも呼ばれるが、MBSは非住宅不動産担保証券を含む
S&L（Saving and Loan Association）住宅貯蓄貸付組合
SIV（Structured Investment Vehicle）証券化商品の運用事業体
SPV（Special Purpose Vehicle）特別目的事業体
SWF（Sovereign Wealth Funds）政府系国富（投資）ファンド
グラス＝スティーガル法（Glass-Steagall Act）
ジニーメイ（Ginnie Mae）米政府住宅抵当金庫
シンセティックCDO（Synthetic CDO）」擬似的なCDO　本書ではS-CDO
デリバティブ（Derivatives）現物取引から派生した金融派生商品
ファニーメイ（Fannie Mae）米連邦住宅抵当金庫
フレディマック（Freddie Mac）米連邦住宅金融貸付公社
ヘッジファンド（Hedge Fund）
ホームエクイティローン（Home Equity Loan）
モノライン（金融保証専門の保険会社）

第Ⅰ部　世界的金融危機の根源

第Ⅰ部の課題は、世界的金融危機の根源として一九七〇年代における現代資本主義の変質・金融の変質と、「実体経済から独立した投機的金融活動」の出現を明らかにすることである。そのためにはまず第二次世界大戦後における新しい段階の資本主義＝現代資本主義の特質を把握したうえで、その「変質」を解明する必要がある。本来は、競争の支配した資本主義からの資本主義の発展段階を示したうえで、大戦後の現代資本主義を取り上げるべきであるが、これまで明らかにしてきたので、本書では大戦後の現代資本主義から考察を始めることにする。

大戦後の現代資本主義では、米国主導のもとで資本主義諸国の国際的協調体制の構築と（諸）国家の経済過程への恒常的介入によって、為替を安定化する機構を確立し、そのもとで資本主義諸国がそろって持続的高度成長・高雇用を実現することができた。資本主義の歴史では例を見ない、現代資本主義ゆえに可能となったことである（第一章）。

しかしながら、この為替安定化も、持続的な高度成長・高雇用も、一九六〇年代後半以降、行き詰まり、七〇年代中葉には長期不況とインフレとを克服できない状態に陥った。米国はこれに対し大戦後の世界戦略を転換し、新しい世界戦略を打ち出し、「金ドル交換」停止による金融の自由化・国際化を進め、徹底的な規制緩和・競争市場原理を世界的に拡げる新自由主義を掲げていった。現代資本主義の行き詰まりとそれに対する米国の世界戦略の転換こそが、現代資本主義の変質・金融の変質をもたらしていったのである（第二章）。

米国のドルは金の裏付けをまったくもたなくなったにもかかわらず、基軸通貨の地位を保持し続け、米国が金融の自由化・国際化を強行すると同時に基軸通貨国特権を乱用して貿易収支赤字・対外赤字を累増していくもとで、ドル・為替の不安定性と国際的投機的金融活動とが恒常化し、「実体経済から独立した投機的金融活動」が本格化していったのである（第三章）。

金ドル交換停止、新自由主義とそのもとでの「実体経済から独立した投機的金融活動」こそが、第Ⅱ部で見る「資産の証券化」・「証券の証券化」の爆発的拡大を軸として新しい金融取引の重層的拡大の諸連鎖を生み出す原動力であると同時に、世界的金融危機を惹起する諸連鎖を構築する原動力でもある。

第一章　為替安定化と持続的高度成長、およびそれらの破綻

第一節　第二次世界大戦後の現代資本主義の特徴

第二次世界大戦終了後、資本主義はきわめて大きな変容を遂げていった。現代資本主義は、大戦後に大きく変容した資本主義を指す。

第二次大戦は史上最大の殺戮・破壊をもたらしたため、戦中・戦後にかけてファシズム反対、戦争反対、植民地・従属地域での民族解放・独立の闘争など、世界の平和・人権を求めるさまざまな運動が生み出されていった。このような世界の動きのもとで、一九四五年四月、五〇ヵ国が集まって「国際連合憲章」を制定し、「基本的人権と人間の尊厳及び男女及び大少各国の同権」を確認し、「国際の平和と安全を維持する」決意を謳いあげた（六月調印）。この基本的人権、国際平和に対

する国連憲章の「理念」は大戦後の世界、資本主義に影響を与えたが、早急に歪められ形骸化されていく。しかし大戦・大戦後の悲惨な経験から生み出されたこの「理念」は、さまざまな形で世界において根を下ろし、現在および将来においても生きていると思われるので、現代資本主義を考える場合、まず確認しておく必要がある。

大戦後、国連憲章の理念は急速に破られていく。大戦中は連合国であった資本主義諸国とソ連は、大戦末から亀裂を深め、大戦終了とともに対立は公然化し「冷戦」となる。戦争の終了した後も、米国は「原爆」はじめ強大な軍事力・兵力を保持し西欧・日本等に長期駐留（占領）を行い、ソ連は東欧諸国に長期駐留を続け、原爆を開発していった。「冷戦」は米ソ両大国が核兵器を中心とする最新鋭兵器の開発に凌ぎを削る「米ソ冷戦」となり、米ソは世界各国を自分の陣営に取り込むために軍事援助・経済援助を競っていった。戦争が終了した後にも超大国が永続的に膨大な軍事力を国内外に保有し、敵対を続けるということは、歴史上例のないことである。これが大戦後の資本主義諸国、社会主義諸国、さらには世界全体の軍事・政治・経済・社会のあり方を大きく規定することになる。

現代資本主義の特徴

大戦後の現代資本主義の特徴の第一は、資本主義体制批判勢力の増大と冷戦激化に対し、資本主義諸国が資本主義体制擁護のために強力な国際的協調体制を構築するとともに、国家が経済過程に大規模かつ恒常的に介入して労働者の権利の拡大、社会保障制度の創設・公的サービスの拡充をはかり、持続的な経済成長・高雇用を実現しようとしたことである。国際的協調体制は安全保障面ではNATO（North Atlantic Treaty Organization, 北大西洋同盟、四九年調印）であり、経済面の柱はIMF（International Monetary Fund, 国際通貨基金、四四年調印、四七年業務開始）とGATT（General Agreement on Tariffs and Trade, 関税と貿易に関する一般協定、四七年調印、四八年一月暫定的実施）である。持続的な経済成長・高雇用の政策はこの基礎上で国際協調的に推進されていった。二〇世紀初頭、帝国主義諸国が相互に敵対し世界大戦を惹起していったことからの一大転換である。

第二は、大戦中・大戦後、隔絶的な軍事力・経済力をもった米国が、資本主義諸国を統率する覇権国となり、資本主義諸国、さらには世界を動かす力をもつようになったことである。大戦によって米国以外の諸国が徹底的に破壊され経済活動が麻痺していたのに反し、米国だけは本土を戦火に曝すこともなく連合軍の〝兵器廠〟となり、核をはじめとする最先端軍事技術と、膨大な軍事力、圧倒的な生産能力・生産技術、金《きん》を保有して勝利を迎えた。（米国は一九四九年世界の公的金保有額の約七三％を保有し、鉱工業生産は資本主義全体の五三％を占めていた。）

それゆえ大戦後の国際的協調体制の構築も、国家による持続的成長・高雇用政策もすべて米国主導で実現されていった。もっとも、社会保障制度は、英国が大戦中に、戦争終了後に予想される体制危機に対して社会保障制度（ベヴァリッジ案）を準備したことから始まり、労働者の権利・人権、「福祉国家」化もヨーロッパでの運動の力によって実現し、米国ではこれらはむしろ遅れていたといえる。
以上の結果、資本主義諸国はそろって、敗戦国をも含めて、為替安定化の基礎上で持続的な高度経済成長・高雇用を実現することができたのである。これもまた資本主義の歴史で経験しないことであり、資本主義は恐慌・不況も失業も克服したという見解が拡がっていた。

第二節　為替の安定化と持続的高度成長・高雇用の実現

初期IMF体制と国際収支の均衡化・為替の安定化

IMF体制は、かつて（戦間期）の金本位制崩壊後における為替切下げ競争、為替管理、ブロック経済化・ブロック間対立激化→戦争の経験を反省し、為替安定化を目指して構築された国際通貨体制である。

IMF体制は、不充分ではあるが一応国際的不均衡の是正・為替相場の安定をはかる機能を備え、通貨膨張・信用膨張と財政赤字への歯止め、インフレへの歯止めをもっており、先進諸国の持続的高度成長・高雇用を実現する基礎となった。

IMFでの為替安定化の第一の柱は、米国が圧倒的な経済力・金の集中的保有にもとづいてドルの平価を金で表示し（金一オンス＝三五ドル）、ドルと金との交換を、外国の公的機関に限ってではあるが認めたことである。もちろん「金ドル交換」は外国公的機関のみに限定され、ドルは真に金の裏づけをもっていたわけでは決してないが、しかし米国による金ドル交換はドルの信認をもたらし、初期IMF体制を支える中心軸となっていた。こうして国内的には不換通貨にすぎないドルが、対外決済、国際準備通貨、介入通貨、通貨間取引媒介の役割を中心的に行う基軸通貨としての地位を保っていたのである。

第二の柱は非常に厳しい固定レート制である。米国以外の加盟諸国は、自国通貨の平価をドルで表示し（たとえば一ドル＝三六〇円）、現実の為替相場を平価の上下一定枠内に維持する義務を負っており、平価の変更は「基礎的不均衡」是正のために必要なときに限ってIMFの承認を得てはじめて許されることになっていた。このため米国以外の諸国では固定レート維持のために国際収支均衡が至上命令となり、生産力発展・国際競争力強化をはかるとともに、国際収支を悪化させるインフレを阻止することが不可欠であった。また国際収支均衡化のために、国内の成長政策を犠牲にする必要があった。一般的に高度成長が続くと原料・機械等の輸入増大と製品の輸出減少によって国際収支が赤字になる傾向にあったが、各国は固定レート維持のために、国内成長にはマイナスとなる金利引上げ・金融引締めの政策をとることを余儀なくされた。大戦後、高度成長・好況が「国際収支の壁」やインフレ抑制政策（内容的には「国際収支の壁」）によってたびたび反転させられるといわれたのはこのためである。

米国だけは基軸通貨国特権によって国際収支赤字を続けることが可能であったが、だが米国も赤字累増を続けるとドルの海外流出→米国の対外短期債務の増大→外国によるドルの金交換→米国の金保有額の減少が進み、金ドル交換の基礎が危うくなりドルの信頼が揺らぐので、国際収支赤字拡大をある程度抑制する必要があった。（一九六〇年アイゼンハワー大統領のドル防衛策や六三年金利平衡税等の措置がとられたのはこのためである。）

第三は、初期IMF体制は経常取引の自由化を原則としたが、「国際資本移動の規制」については各国の管理を容認していたことである。このことは国際収支均衡化・為替安定化を支える作用を果たした。これは、初期IMF体制崩壊後と比べて注目すべきことである。

なお初期IMF体制は、為替安定化のために、加盟諸国が金と自国通貨を出資して「基金」を作り、外貨不足のさいは「基金」から借り入れる制度であったが、実際には外貨供給は「基金」からではなく、米国による対外軍事支出・対外援助、民間対外進出による膨大なドル散布によって行われた。

以上、初期IMF体制は米国の圧倒的な金保有と隔絶的な経済力・技術力・国際競争力にもとづいて構築され、機能していたものといえる。

IMF体制は一九七三年に崩壊して、七八年発効の「IMF協定改正」では金に関する規定はすべて削除され、金との関係を完全に廃棄した異なるものになるが、しかし現在までIMFと呼ばれている。このため、崩壊までのものを「初期IMF体制」と呼ぶ。

ＧＡＴＴと先進諸国間貿易の拡大

ＧＡＴＴは、大戦前の教訓から関税その他の貿易障壁の大幅削減、差別的貿易の禁止によって自由・無差別な国際貿易の発展をはかろうとするものであるが、そこでは隔絶的生産技術をもつ米国が圧倒的に有利であった。ＧＡＴＴは米国以外の資本主義諸国に対して国際競争力の回復・強化を迫ることをつうじて経済力回復・貿易拡大を促していった。

大戦後、先進資本主義諸国の世界貿易はそれ以前とは大きく変化し、先進諸国の貿易の中心が先進諸国相互間の貿易となり、飛躍的な拡大を続けていった。このことは先進諸国の持続的な高度成長・高雇用を支える基礎となる。

持続的高度成長・高雇用の実現

ここでは持続的高度成長・高雇用の実現について本書の主題から見てとくに注意したい問題の指摘にとどめざるをえない。

第一は、持続的高度成長・高雇用が（諸）国家の政策によって実現されたのではあるが、しかしこの政策の成功は大戦後の歴史的・現実的諸条件のもとではじめて可能となったということである。一般には持続的高度成長・高雇用は「ケインズ政策の成功」といわれることが多いが、この諸条件を無視して「政策の成功」と見ることは誤りである。すでに指摘したように、大戦によって米国以外の資本主義諸国では都市、住宅、および工場・生産設備の大半が破壊され廃墟に近い状況が拡がっており、ヨーロッパでは大戦後ただちに冷戦が始まっていた。こうしたもとで資本主義経済の復興・発展が急がれたため、ヨーロッパの経済復興・高度成長は、米国の欧州復興支援計画＝マーシャル・プランにより、その受入れのための欧州経済協力機構（一九四八年、六一年にOECD〔経済協力開発機構〕に改組）をつうじて実施されたのであり、米国主導の文字どおり協調的な諸国家政策として遂行されたのである。大戦中・大戦後に主として米国で開発された「大量生産型重化学工業」の革新的な生産方法・新産業（自動車、民生用電気・電子機器、合成繊維、石油化学等）の相次ぐ導入と米国流「大量消費・浪費型生活様式」の普及とが結合したもとで、多くの生産部門で大型設備投資の群生と、国内消費需要の大幅拡大が急速に進んだのである。こうした歴史的・現実的諸条件のもとではじめて持続的成長・高雇用政策が成功したのである。敗戦国日本でも爆撃による徹底的破壊の後、米国による長期占領のもとで朝鮮戦争を経済復興の足がかりとし、米国からの革新的な生産方法・新産業の相次ぐ導入をもとにして設備投資主導の高度成長が実現されていった(1)。

米国では大戦中、非軍需生産の縮小・軍需産業への転換、乗用車、耐久消費財、ナイロン等の個人消費の抑制・禁止が続いたため、戦争終結の後にこれらの消費需要の爆発と非軍需生産部門において旺盛な大型設備投資が生じたのである。さらに米欧ともに程度の差はあれ、大戦後の労働者の地位向上、社会保障制度の創設が消費拡大を支えた。

第二に注意したいのは、第一と重なることであるが、持続的高度成長・高雇用政策とその実現が、革新的生産方法導入・新産業開発にもとづいた実体経済構築に根ざした高度成長・高雇用であったということである。この点で、持続的高度成長・高雇用は、後の新自由主義政策での経済再生が、金融面を重視し、革新的技術の開発を抜きにして競争市場原理による安易な効率化を基軸としたこと（四三頁）とは、基本的に異なっていることを注意しておく。

第三節　初期ＩＭＦ体制の崩壊と持続的高度成長・高雇用の終焉

初期ＩＭＦ体制の行き詰まりと金ドル交換の停止

しかし初期ＩＭＦ体制は米国の国際収支危機によって動揺を深めていった。米国による巨額の対外軍事支出・対外援助の拡大、一九五〇年代中葉以降の米国系多国籍企業・多国籍銀行の欧諸国への進出＝資本流出の拡大が進む一方、欧日諸国の経済復興・経済発展による国際競争力強化が米国の貿易収支黒字を急速に減少させていった。一九六〇年代には米国の国際収支赤字の拡大により、米国からの金の持続的流出が始まった。

こうしたもとで米国は一九六五年、ヴェトナム戦争を強行し対外軍事支出・対外援助を膨大化していった。しかも同時に国内で「偉大なる社会」という福祉増大政策が掲げられた。戦争とインフレ下での輸入激増・貿易収支黒字激減（とくに日本からの輸入激増・対日貿易赤字激増）が進んだ。この結果、米国国際収支赤字は激増し、米国の金準備高を対外短期債務（うち金交換を要求できる公的機関保有分）がはるかに上回っていき、金ドル交換が不可能な状況であることは誰の目にも明らかとなった。ドル不信によって六〇年代後半には猛烈なドル売りと西独マルク買いや自由金市場での金買いという形で国際通貨危機が頻発した。しかも七一年には、米国の貿易収支が八十三年ぶりに赤字に転落するという予想もしなかった事態が生じた。大戦後、対外軍事支出・対外援助を埋め合わせるための柱であった膨大な貿易収支黒字の赤字転落であった。七一年末、米国の金準備高一〇二億ドルに対し、対外短期債務が六七七億ドル（公的機関保有五一二億ドル）となる。

ついにニクソン米国大統領は一九七一年七月、中国訪問を発表しヴェトナム戦争からの撤退（事実上の敗北）を明らかにした後、八月一五日、IMFと協議することもなく突如として一方的に金ドル交換の一時停止を公表し、世界に衝撃を与えた。〝ニクソンショック〟である。

そのさいニクソンはインフレ抑制と国際収支改善を世界に公約し、その直後に為替相場の多国間調整（金に対するドル切下げと円・マルク等の引上げ）を行ったうえで固定レート制の「スミソニアン制度」を発足させた。しかしニクソンはこの公約を無視して常軌を逸した通貨膨張による景気刺激を続けたため、貿易収支赤字・国際収支赤字は急増していった。こうして一九七三年初頭、ドル不信による激しいドル売りが再燃したのに対し、先進諸国は独自に変動相場制に移行し、ここにスミソニアン制度は崩壊、初期IMF体制は完全に崩壊した。(2)

持続的高度成長・高雇用の終焉

高度成長の終焉についてもここでは問題の指摘にとどめざるをえない。

第一に、高度成長終焉の基礎は、すでに見た革新的な生産方法・新産業の導入・普及が一応終わった後、新技術の開発が枯渇していたことにある。資本主義経済では革新的な生産方法の開発か新しい市場を開拓する新産業の開発が、新しい設備投資の群生をつうじて経済成長を生み出す牽引力であるが、これらの開発は低迷していた。米国は大戦中から近代軍事技術開発のために開発したエレクトロニクス産業において絶対的優位を保ち、大戦後もマイクロエレクトロニクス（ME）技術革新の基本技術のすべてを開発したが、そのほとんどは軍事技術、宇宙開発技術のための特殊な高性能の小量生産のものであって、民生用・非軍需産業における革新的生産方法・新産業の開発は途絶えていた。日本が、この米国のMEの基本技術を導入してトランジスタ・IC等の大量生産、民生用電気機器・産業用機器への応用・開発を実施、米国はじめ世界に輸出し、日本だけが一九八〇年代以降も輸出拡大を軸に「経済大国」化を実現していった。(3)

第二は、この持続的高度成長の破綻が、先に見た金ドル交換停止、初期IMF体制崩壊とその後の米国の政策に規定され、それと関連をもっているということである。

資本主義諸国では一九六〇年代中葉に現れていた設備過剰化・高度成長の行き詰まりがヴェトナム戦争による景気拡大（日本ではとくに「いざなぎ景気」）で一時緩和された後、すでに見た米国のヴェトナム戦争の敗北、金ドル交換停止とその後の米国の異常な通貨膨張による景気刺激政策の結果、貿易収支赤字・国際収支赤字の急増、インフレとドル減価という混乱に巻き込まれていった。欧日諸国は、国際収支大幅黒字化による自国通貨の再切上げを甘受するよりは、インフレになっても通貨供給膨張によって景気を刺激した方が良いという〝調整インフレーション政策〟をとり、インフレ（いわゆる米国からの〝輸入インフレ〟）に陥る。

他方では米国発のインフレとドル減価は、ドル建て原油取引先の中東産油国に対し莫大な損失を与えた。ＯＰＥＣ（石油輸出国機構）、ＯＡＰＥＣ（アラブ石油輸出国機構）の怒りは一九七三年一〇月、第四次中東戦争勃発を契機に爆発し、原油公示価格の大幅引上げ、原油に対する産油国の所有権の拡大となったのである。資本主義諸国はこの第一次石油ショックと狂乱的物価高騰に対し総需要抑制政策をとったのを契機として一九七四・七五年世界大不況に陥る。ここで大戦後はじめて先進諸国は同時に実質ＧＮＰの減少＝実質マイナス成長、実質個人消費支出の減少、世界貿易（数量）の縮小、失業の急増に陥り、これが世界的に波及していく。

この一九七四・七五年世界大不況で注目すべきことは、実質マイナス成長・大量失業発生ということ以上に、その後資本主義諸国がこれまで経験したことのない「スタグフレーション」に陥ったことであった。スタグフレーションは一般に不況とインフレの併存といわれているが、たんなる併存それ自体ではない。スタグフレーションとは、経済停滞・失業の深刻化に対し有効需要拡大政策をとろうとしてもインフレが昂進し、インフレを抑制しようとすれば停滞・失業が深化するので、停滞とインフレの両者を解決する政策が無くなった状態のことであり、そのためにインフレと不況が併存するようになるのである。

一九七四・七五年世界大不況とその後のスタグフレーションは、大戦後の現代資本主義における金ドル交換・初期ＩＭＦ体制が崩壊し、高度成長・高雇用が破綻してしまい、現代資本主義が行き詰まってしまったことを現すものにほかならない。高度成長・高雇用の終焉は、ヴェトナム戦争と金ドル交換停止以降のニクソンによる膨大な通貨膨張によって先送りされ、物価高騰、石油ショックに対する「総需要抑制政策」を契機に世界的大不況となったのである。新技術開発や新産業開発による設備投資誘因が存在しないところで、ニクソンの異常ともいえる通貨膨張政策と欧日諸国での〝調整インフレーション政策〟によって通貨膨張・インフレが進み、実体経済にとっては過剰な資金が累増していたうえに、世界的大不況に対する対策としてさらにいっそうの財政赤字・通貨供給拡大が進められた結果が、スタグフレーションである。

したがって、一九七四・七五年世界大不況とその後のスタグフレーションは、大戦後のＩＭＦ体制崩壊と持続的成長政策破綻の結果の表れ、現代資本主義変質の前ぶれとして把握することが肝要である。

このように大戦後の現代資本主義が行き詰まってしまったこと、そしてこれに対し米国が自国の利益を最優先させ、新しい世界経済戦略を打ち出していくことが、現代資本主義の「変質」・金融の「変質」をもたらすのであるが、その内容は第二章以降で取り上げる。

一般的には、一九七四・七五年世界大不況の原因を石油ショックによる物価高騰＝狂乱物価とそれに対する総需要抑制政策にあるという見解が多いが、これは直接の現象のみを見た一面的見解である。これでは六〇年代後半に行き詰まっていた高度成長がその後なぜ複雑な展開をたどり、その破綻がなぜスタグフレーションという新しい事態となって発現したかを明確にすることはできない。

第二章　米国の新しい世界経済戦略と現代資本主義の変質

米国が国際収支危機に陥ったもとで金ドル交換を停止したことは、米国の経済力の衰退を示すものではあるが、ここに米国の経済的衰退のみを見ることは大きな誤りである。

米国はこれまでの基軸通貨国としての責任上、貿易収支赤字の克服・国際収支の根本的改善によってドルの信認・安定を取り戻す義務があったはずであるが、しかし米国はその義務をまったく果たさないで、すでに重荷になっていた金ドル交換を停止することを一方的に決定し、金融の自由化・国際化を推し進めようとしたのである。そしてこれは、高度成長政策の破綻、スタグフレーションが深まるもとで、この規制緩和・競争市場原理を経済全体に、世界中に拡げることによって経済の活性化をはかろうという新自由主義となっていくのである。

一般的には、金ドル交換停止による金融の自由化・国際化の政策と新自由主義政策とは別個のものとして取り扱われている。新自由主義政策がかなり遅れて現れたためであろう。しかし以下で見るように、世界的な金融面での規制緩和＝金融の自由化・国際化をつうじて経済を活性化しようという政策原理・政策理念は新自由主義に貫かれているし、また新自由主義政策は、金ドル交換停止（廃棄）の政策と結びつき、それを前提としているのである。したがってこれらの総体を「米国の新しい世界経済戦略」として把握する必要がある。

第二章の課題は、金ドル交換停止による金融の自由化・国際化の政策と新自由主義政策によってもたらされた現代資本主義の変質の基本を明らかにすることである。

第一節　金ドル交換停止による金融の自由化・国際化、米国の基軸通貨国特権

米国の金ドル交換停止の意図

米国は貿易収支赤字転落・国際収支危機に陥ったもとで、貿易収支赤字・国際収支赤字の根本的改善を行うことなしに、すでに重荷となっていた金ドル交換を停止し、米国にとって有利な新しい政策を打ち出していったのである。

米国は金ドル交換を停止し金による制約を完全に取り除くことによって、通貨膨張・信用膨張、財政赤字拡大による経済政策を実施できるようにするとともに、これまで金ドル交換のために余儀なくされてきた対外投融資規制を撤廃し、金融の自由化・国際化によって米国内の金融証券市場の

活性化、米国の金融覇権の強化、金融収益の膨大化を実現し、米国経済を再生しようとしたのである。(これまで対外投融資規制に対する米国の金融業・一般企業の不満は強かった。米国から流出した膨大なドルは、ロンドンを中心とする規制のないユーロ・ダラー市場に集まり、そこが米国系をはじめ多国籍銀行・多国籍企業による国際的資金の調達・運用の中心として発展していた。)

米国政府が金ドル交換停止の永続＝金ドル交換廃棄をいつの時点で決定したかを明らかにする資料は見当たらないが、注目される事実は、ニクソン米国大統領が金ドル交換停止の声明後、金ドル交換を再開させようという努力をまったく払っていないことである。ニクソン大統領は一九七一年八月の「声明」で金ドル交換を「一時的に」停止するといい、インフレ抑制と国際収支改善を世界に公約し、固定レート制の「スミソニアン制度」を発足させたが、しかしその直後から常軌を逸した通貨供給拡大(一九七一～七三年のM_1、M_2の上昇率はともに、インフレを生んだヴェトナム戦争下での上昇率を上回る)を続け、貿易収支赤字・国際収支赤字を急増させていった。したがって、金ドル交換停止永続、固定レート制崩壊＝初期ＩＭＦ体制崩壊はむしろ予想された必然的結果といえる。[1]これらの事実から見ると、「声明」の頃からすでに金ドル交換停止の永続と金融の自由化・国際化の諸措置が検討・準備されていたのではないかと推察される。

その背景として、米国ではニクソン声明の前からすでに、米国の国際収支危機をめぐり、金ドル交換と厳しい固定レート制をとる初期ＩＭＦ体制の制度的欠陥を批判し、競争市場原理に委ねる変動相場制とし金融の自由化・国際化をはかった方が良いという見解が拡がっていた。[2]

また米国における金融面での規制緩和＝金融自由化の動きは非常に早かった。金ドル交換停止の翌一九七二年には、シカゴ・マーカンタイル取引所（CME）で史上初めて通貨の先物取引が始まり「国際通貨先物市場（IMM、International Monetary Market）」が創設され、これが「デリバティブ」（後述）発展の端緒となる。初期IMF体制崩壊の翌七四年一月には、米国は対外投融資規制を撤廃し、初期IMF体制で容認されていた各国の「国際資本移動の規制」を廃止する。

変動相場制への移行

初期IMF体制崩壊後の変動相場制では、各国為替レートの決定は為替市場の需要・供給に委ねられるようになり、米国は金ドル交換のために国際収支赤字を抑制する必要から解放され、米国以外の諸国は固定レート維持のために国際収支を均衡化する至上命令から解放された。また、初期IMF体制においては容認されていた各国による「国際資本移動の規制」（二一頁）は撤廃され、「国際資本移動」は自由となった。これらによって国際収支均衡化のための金融膨張・信用膨張と財政赤字への歯止めは無くなったのであり、インフレへの歯止めもなくなったのである。米国以外では次に見る対外面での制約はあるが。

変動相場制への移行について、M・フリードマンはじめ主流派経済学者の多くや公的文書は変動相場制が為替変動を媒介にして国際収支を均衡化する自動的調節機能をもっていると賛美していた。(3)しかし変動相場制移行後、経常収支不均衡と為替変動が持続・拡大していき、各国通貨当局は為替市場への介入が必要となったので、「管理された変動相場制」といわれた。一九七五年、石油問題（第一次石油ショック）対策のために始まった先進国首脳会議＝サミットは、ドル・為替相場の調整を話し合う場となったが、しかし各国通貨当局の為替介入や国際的協議の効果は一時的なものにすぎず、それらは現在まで繰り返されている。したがって、「管理しようとしても管理できない」変動相場制というべきものである。

変動相場制を理論的に考える場合に見逃してならないことは、現実の変動相場制はある特定の歴史的・現実的条件のもとで、それらによって規定されるものとして実在し、機能するものだということである。初期ＩＭＦ体制崩壊後の変動相場制は、金の裏付けがまったくなくなったドルが事実上の基軸通貨の地位を占め、基軸通貨国特権をもった米国が金融の自由化・国際化を推進するとともに、貿易収支赤字・経常収支赤字の累増と巨額の対外投融資を続け、膨大な国際的資本取引・投機的取引を行っているという歴史的・現実的条件のもとでの変動相場制である。

こうした変動相場制では、もはやドル・為替の変動を安定化させる機能はないし、これらの変動が収斂していく基準・適正水準は理論的にも現実的にも存在していない。

変動相場制でドル・為替の安定をはかろうとしたら、事実上の基軸通貨国特権をもっている米国が節度ある金融政策によって通貨膨張・信用膨張の抑制、貿易収支赤字・経常収支赤字の抑制を行うことしかないが、現実の変動相場制は米国がこれら抑制から逃れるためにもたらされたものであるから、節度ある金融政策など期待できるはずもなかった。

変動相場制を規定しているかかる歴史的・現実的条件をいっさい無視した「変動相場制の理論」はありえない。これらをいっさい無視して、きわめて抽象的な仮定のもとで、変動相場制が国際収支を均衡化し為替を安定化する自動調節作用をもつと主張しても、机上の空論である。

米国の基軸通貨国特権の維持・強化

金ドル交換停止の後、ドルは金の裏付けをまったくもたなくなったが、それにもかかわらずドルは事実上基軸通貨として対外決済、国際準備、為替介入、通貨間取引媒介の中心的役割を果たしていた（比重は低下したが）。米国は貿易収支の赤字転落、国際収支危機に陥ったとはいえ、GDP世界一で超新鋭軍事基本技術のマイクロ・エレクトロニクス、コンピュータで世界を圧倒しており、ヴェトナム戦争に敗れたとはいえ、いぜんとして大量の核兵器をはじめ超先端兵器を保有する超軍事大国であったし、またドルに代わる安定的な通貨は存在しなかったからである。

米国はいまや金の裏付けの無くなった国内通貨のドルによって、外国との財貨・サービスの取引や国際資本取引を行い、貿易収支赤字・経常収支赤字を続け、対外投資（直接投資、銀行貸付、証券投資）を行うことができるようになったのである。つまり国内通貨ドルがそのまま基軸通貨ドルとなったのである。米国銀行の信用創造（預金創造）によって貸し付けられるドルは国内通貨ドルであると同時に基軸通貨ドルでもある。米国銀行の信用創造（預金創造による貸付、以下同じ）は基軸通貨ドルの信用創造＝貸付拡大でもある。

こうして基軸通貨国・米国は、ドルの暴落、外国のドル建て取引き拒否が生じない限り、国内銀行による信用創造の膨張を続け、経常収支赤字の累増とそのもとでの対外投融資の拡大を続けることができるようになったのである。事実、米国は基軸通貨国特権を十二分に活用してこれらを拡大し続けていったのであり、このことがドル・為替の不安定性を恒常化し、米国での国際的投機的金融活動を活発化するとともに、世界を投機的活動に巻き込んでいくことになるのである。

米国とその他諸国との違い

米国以外の国々は、固定レートの廃止によって、国内の通貨膨張、信用膨張、財政赤字への歯止めは無くなったのであるが、それらは対外決済の面からの制約を受けていた。なぜなら、米国以外の国々は、対外債務を自国通貨で決済することは一部地域を除けば不可能であるので、経常収支赤字や資本収支赤字＝資本純流出が拡大するとドル（外貨）準備を取り崩すか、外国からのドル借入れが必要となり、これが不可能となればその国は対外債務返済不能で国家破産に陥る。したがって経常収支赤字拡大による対外債務拡大のもとでは、国内の通貨膨張、信用膨張、財政赤字も、対外投融資拡大も困難である。またつねにある程度のドル（外貨）準備を備える必要がある。

また、米国以外の国々は、自国通貨（たとえば円）の対ドル・レートが不当に高騰する場合には、ドル買い・自国通貨（円）売り介入が必要となるが、これは米国への資本流入の増大・ドル下落の緩和をもたらすうえ、このドル買い介入でのドルによる米国財務省証券の購入は、米国の国債消化を助ける。

さらにまたドルは金ドル交換停止以降、乱高下するものの、趨勢的に下落傾向を続けた（金ドル交換停止時の一ドル＝三六〇円から二〇〇四年春一〇六円前後、〇七年八月一一八円前後）。米国は暴落の危険がない限りこれを放置しているが、日本をはじめドル建て資産を大量に保有している国々は大幅な資産価値の減少・損失を蒙っている。これらの国々は、ドル下落が生じたさいドル売りによって損失拡大を避けたいと思っても、ドル売りはドル下落を加速し自国保有の資産の減価・損失を倍加させるので、資産価値の保持のためにドル暴落を阻止するよう米国に協力することを余儀なくされる関係にある。

米国は以上のような外国の協力と犠牲に依存し、安住しているのである。米国は外貨準備を備える必要はないし、事実米国自身の為替介入によるドル変動調整はごく例外を除いて行われていない。そして米国はドル相場の調整が必要なときには、為替市場の取引ではなく、プラザ合意、ルーブル合意、逆プラザ合意等での国際協調（実質的には強要）によって実施する。

以上、金ドル交換停止、初期ＩＭＦ体制崩壊の後には、米国の基軸通貨国としての特権はかえって強化されたのであり、米国とそれ以外の諸国との国際取引面での差異＝不平等は拡大したのである。

第二節　米国主導の新自由主義

以上の金融の規制緩和・国際化という新しい政策原理は、高度成長の終焉・スタグフレーションのもとで経済全体・社会全体にわたって規制緩和・競争市場原理を掲げる新自由主義となっていった。

新自由主義的政策原理は一九七〇年代末にサッチャー英首相（七九年五月～九〇年一一月）によって提唱され、レーガン米大統領（八一年一月～八九年一月）が就任直後の八一年二月「経済再生」計画でまとめたもので、米国主導で実施されていった。新自由主義は明確に規定されているわけではないし、レーガンがまとめた政策（レーガノミックス）は不明確さを含むうえ後に変化していくが、その骨子は以下のとおりである。

新自由主義政策の骨子

新自由主義は、深刻な経済停滞・失業とインフレの恒常化の原因は、大戦後の社会保障制度、高雇用政策、独占規制、労働者の諸権利拡大が資本と国家の負担を増大させ非効率を蔓延させたためであるとして、これらを厳しく批判し、大胆な政策転換による経済再生を掲げていった。すなわち、これまでの各種の規制や保護を削減ないし廃止し、経済全体、さらには世界全体にわたって規制緩和・競争市場原理導入による「効率化」（＝無駄の排除）を推進することによって、資本主義経済を活性化させようというのである。具体的には、金融面での規制緩和をはじめとして、国有企業・公的機関の民営化、民間企業の活力利用、社会保障・社会福祉の縮小＝自助努力、労働市場・労資関係への競争市場原理導入、労働組合の力の抑制である。

金融面での規制緩和、金融活動の活発化の重視

新自由主義について注意したい第一は、新自由主義では基本政策原理である規制緩和・競争市場原理の主張でまず取り上げられるのが金融面における規制緩和であり、金融の自由化と国際化が新自由主義政策において重要な位置を占めていることである。ここには、金ドル交換停止による金融の自由化・国際化において、米国の国際金融・証券市場の活性化、米国の金融覇権強化、金融収益拡大を実現し、これをつうじて経済再生をはかろうとした政策原理が貫徹している。レーガン大統領が就任後、最初に行った重要な仕事は、一九八一年末にニューヨーク・オフショア市場（ＩＢＦ、International Banking Facilities, 金融上、税制上などの制限の緩い自由な対外取引市場）を創設したことであり、これによって国際金融業務での米国の地位が一挙に高まったといわれている。

規制緩和・競争市場原理の世界化・グローバル化

第二は、新自由主義の基本が、規制緩和・競争市場原理の世界化・グローバル化によって米国金

融業と米国資本の活動分野を一挙に世界大に拡げることにあったことである。新自由主義は、現代資本主義の行き詰まりに対し、規制緩和、競争市場原理を国内だけではなく、先進諸国、新興諸国、さらには世界中に普及させていき、世界中の市場を規制緩和、競争市場原理の行き渡ったものとしていき、国境を越えて自由な金融活動・経済活動を展開していこうとしたのである。そこには、規制緩和・競争市場原理の世界化・グローバル化によって自国経済の再生を実現しようという「強者の論理」があった。このような米国の新自由主義政策が現れると、その他の先進諸国はいち早く同調して自由化される広大な世界的市場に乗り出し、勢力拡大をはかろうとし、新自由主義は早急に先進諸国共通のものとなっていった。新興諸国の側は外国資本の直接進出・資金援助の受入れによって経済成長をはかることと引換えに、規制緩和・市場開放の要求に従っていく。こうして米国主導の新自由主義の強力な推進が、金融活動、さらには経済活動全体にわたって、グローバリゼーションの〝うねり〟を生み出していったのである。これはソ連・東欧諸国の崩壊によって、それらを巻き込んで、文字どおり世界大のものとなっていく。

新自由主義が社会保障の縮小、労働市場・労働面への競争市場原理導入、労働組合の力の抑制等を打ち出した背景には、冷戦の脅威・社会主義への脅威が大幅に減退したことがあった。一九七〇年代、ソ連は、最先端軍事技術の開発の基本技術であるマイクロ・エレクトロニクス、コンピュータ技術の開発において、米国に完全に立ち遅れてしまい、ソ連・東欧諸国では経済的行き詰まり・国民生活の困窮が進んでいた。中国は文化大革命の失敗によって深刻な政治的・経済的混乱に陥っていた。米国は新自由主義による競争市場原理によって現代資本主義の再生をはかるとともに、ソ連や中国等の衰退・混乱を見通して、競争市場原理をこれら諸国にも浸透させていこうとしたのである。これに対応して、ソ連では共産党書記長ゴルバチョフ（後に大統領）が〝ペレストロイカ〟（経済〝立て直し〟）、グラスノスチ（情報公開）と、冷戦終結を目指す「新思考外交」の三大改革を提唱し、中国では鄧小平が「改革・開放」路線を打ち出し、強行していくのである。

なおグローバリゼーションについて、崩壊したソ連・東欧諸国に対して先進資本主義諸国があらゆる面での市場開放・資本主義化を推進することをつうじてグローバリゼーションが進んだという見解が少なくない。しかしすでに指摘したように、米国主導の金融の自由化・国際化、新自由主義とともにグローバリゼーションの〝うねり〟が進んでいたのである。したがってソ連等の崩壊に対し、米国主導の先進諸国はそれまでの競争市場原理の世界化という基本路線の勝利を謳い、この基本路線をそのままこれら地域に対して拡張するという形で、市場経済化→資本主義経済化を迫っていったのである。

新自由主義による経済再生策とその結果――産業空洞化、対外赤字の累増

第三は、新自由主義政策が国内外での規制緩和、競争市場原理それ自体による「安易な」効率化・コストダウンによる、その限りでの経済停滞の克服・経済再生だということである。

資本主義経済では本来経済成長の牽引力は、革新的な新生産方法の開発または新産業の開発によ

って設備投資が群生することである。そして資本主義諸国が高度成長終焉、スタグフレーションに陥った基礎には、大戦後、米国における先端技術開発がもっぱら軍事技術開発・宇宙開発に集中し、民生用・非軍需産業分野での新生産方法開発や新産業開発が枯渇したことがあったのである。

しかし米国の新自由主義政策では経済再生において金融業の躍進が重視されたうえ、産業技術開発・産業構造の建て直しではなしに、経済再生の基軸をもっぱら規制緩和・競争市場原理の徹底化それ自体による安易な効率化、労働コスト等のコスト削減に置いたのである。そこでは赤字転落した貿易の構造を根本的に建て直し、米国製造業における国際競争力の弱体化を根本的に改善していくことは提起されてはいない。

もちろん、軍事技術・宇宙開発技術をはじめハイテク技術の分野は別である。一九八〇年代、ハイテク産業における日本の進出に対する危機意識が高まり、膨大な公的調査報告が相次いだ。これらについては、公的な技術開発対策とともに、「知的所有権」保護の対策が強化されていく(4)。

以上の結果、新自由主義政策の展開とともに、米国ではアウトソーシング(外部調達)が各種製造業から情報処理業にまで拡がるとともに、できるだけ安い商品の輸入が求められ、国内消費でも安い消費財輸入への依存体質が定着する。同時に米国企業は、外国、とくに新興諸国に対し徹底的な市場開放を要求し、安い労働力・資源・原材料を利用できる新興諸国に直接進出していく。さらには、世界中から最適の資源、原材料、部品、資金を調達し、安い労働力、有利な販路、低い関税障壁を選んで生産・販売を行う〝グローバル調達・経営〟が進んだ。

他方、金融自由化と新自由主義のもとで一九八〇年代以降、米国では国境を越えて企業（あるいは一部事業）の買収と不採算部門の売却をいっきょに行うM&A（合併・買収）が活発化し、ここでは被買収企業の資産や将来の収益見込みを担保にした資金借入れでM&Aを行う投機的なLBO（leveraged buyout）方式も急増した。

これらの結果、本国内では産業空洞化が深化していき、本国の経済停滞、失業、賃金抑制を促す作用を果たすほか、貿易収支赤字・経常収支赤字は累増していく。米国の貿易収支は一九七一年に赤字転落して以来赤字の拡大を続けているが、八〇年代に注目されたのは、それまで急減するとはいえ一応黒字を保ってきた機械・輸送機械の貿易も、製造業全体の貿易も赤字に転落したことである。経常収支も七七年以降に赤字基調に転じ、レーガン時代には経常収支赤字膨大化と財政赤字膨大化が「双子の赤字」と騒がれ、一時縮小したが再度拡大を始め、とくに九〇年代後半以降、貿易収支・経常収支の赤字は大幅な累増を続けて現在にいたっている（本書図5）。

それだけではない。基軸通貨国・米国は貿易収支・経常収支の赤字累増にもかかわらず、そのもとで先のような内容の大規模な対外投融資（直接投資、銀行貸付、証券投資）＝対外資本流出を年々実施しているのである。米国の対外投資額は八〇年代に拡大し、さらにソ連等の崩壊後、九三年二〇〇〇億ドルを超えてから激増を続け、二〇〇〇年には五〇〇〇億ドルを超え、〇六年には一兆ドルを突破している。この対外投融資額は経常収支赤字をはるかに上回る額に上っている（図5）。

ここで注意したいのは、新自由主義政策によって世界的規模での米国金融業の躍進と企業の躍進を進めていった基礎に、米国が金ドル交換停止後に基軸通貨国特権を保持し貿易収支赤字・経常収支赤字の累増が可能だということがあったことである。もし米国が米国以外の国のように対外債務を自国通貨ドルで決済できないとしたら、米国の経済再生政策は、貿易収支赤字・経常収支赤字を根本的に克服することなしには不可能であった。筆者が新自由主義政策は金ドル交換停止と基軸通貨特権保持を前提としたものであって、金ドル交換停止と新自由主義政策とは結合したものであると主張するゆえんである。

なお念のために補足すると、筆者は以上のもとでも、米国において一九九一年以降、情報通信革命によって設備投資が活発化し、戦後復興期後初めて民間設備投資拡大による経済成長と雇用拡大が実現したと理解している。ただしこれは大型重化学工業の設備投資を誘発しないこと、それまでに産業空洞化・安い製品輸入依存体質が進んでいたことにより、情報通信革命関連の分野に限られたものに終わる。さらにまたこの実体経済拡大は株価上昇をつうじて膨大な投機的資金のニューヨーク株式市場への殺到、「根拠なき熱狂」を惹起していく（情報通信関連の〝IT株式バブル〟）とともに、これを背景にして九〇年代中葉以降の「証券化の新段階」を生むことになり、以下のような金融活動膨張が展開すると理解している。(5) なお情報通信革命は金融工学の発達をつうじ金融面におけるCDO、CDSの開発を生むために大きく貢献していく。

新自由主義の身勝手さ

最後の注意は、新自由主義の規制緩和・競争市場原理があらゆるとき、あらゆるところで貫かれるものでは決してなく、必要なとき、必要なところでは規制強化や権力発動を行うという、きわめて身勝手なものだということである。大戦後における諸規制・諸保護の大幅削減・廃止というが、国家が必要とするものは存続され、必要なさいには強化されている。たとえばレーガン大統領は「小さな政府」を掲げたが、就任直後から「強いアメリカ」のために国防費を倍増し（一九八〇年度一三四〇億ドル→八六年度二七三四億ドル）、財政赤字は史上最大となり「小さな政府」実現の約束は簡単に破られた。

また、米国は規制緩和、市場開放を外国に強く要求しながら、自国の国際競争力減退・貿易収支赤字拡大が深刻になると、ドル切下げと金利引下げを、市場に委ねることなく、一九八五年九月G5のプラザ合意で国際協調（事実上の強要）によって実施し、また同年には「新通商政策」（不公正貿易慣行に対する報復措置・救済措置）をはじめ一連の保護主義的措置を強化し、GATTの原則に反するという国際的批判をよんだ。さらにまたプラザ合意後、ドルの大幅低下が生じたのに対しては ドル暴落阻止のため八七年二月G7でルーブル合意を行った。九五年四月には米国はドル急落の不安に対しG7でドル安の「秩序ある反転」の合意（いわゆる〝逆プラザ合意〟）を行った。

第三節　世界的な投機的金融取引の基礎拡大

第三節では第二章の終わりとして、以上の結果、投機的金融活動の基礎が生まれたことを簡単に指摘し、第三章での「実体経済から独立した投機的金融活動」の分析へつなげることにする。

金融面での金融収益を求める投機的金融活動の活発化

以上の結果、米国では金融の自由化・国際化が進むとともに、通貨膨張・信用膨張・財政赤字の歯止めがなくなった基礎上で、ドル・為替の不安定が恒常化し、金利が乱高下したことをめぐって、金融面で金融収益を獲得しようとする投機的金融活動が活発化し、これと対応して銀行による信用創造がかかる金融活動に対し貸付を急増させていくことになる。そしてこの銀行の信用創造による貸付の膨張にもとづいて貿易収支赤字・経常収支赤字の累増と対外投融資の拡大が進んでいくのである。これらの詳しい内容は第Ⅱ部と終章で取り上げる。

米国の対外赤字累増は黒字諸国の投機的金融活動の基礎強化

ところで米国の経常収支赤字の累増、大規模な対外投融資について注意しておく必要があるのは、このことが年々巨額のドルを外国に流出することをつうじて、黒字諸国の黒字＝ドル流入額を増大させ、自国＝米国の財務省証券、証券化商品や金融保証に対する黒字諸国の需要（投資）を拡大していく役割を果たすということである。

世界での経常収支不均衡において赤字の圧倒的部分は米国の赤字である。もっぱら米国が年々大量のドルを海外に流出し、米国以外のほとんどの国々は黒字であり、時期によって程度の差はあるが、黒字を大幅に拡大する国々がかなり存在する。（これは海外流出といわれるが、そのほとんどは米国国内の外国の預金口座への預金振込である。）そのうえさらに米国は年々巨大規模の対外投融資を拡大し、ドルの海外流出を拡大している。

黒字諸国で黒字・ドル保有額が累増することは、一般的に当該国内での通貨膨張・信用膨張・財政赤字拡大の可能性を強めていく。これによって国内で実体経済での投資が促される。とくに新興諸国では設備投資拡大・経済発展が促される。だが、実体経済において有利な投資先を見出せない場合、より正確にいえば金融面での金融取引の方がより高い収益が予想される場合には、資金はかかる金融取引に向かうのである。

すでに見たように金ドル交換停止・初期IMF体制崩壊は通貨膨張・信用膨張・財政赤字拡大の歯止めを取り除いたとはいえ、米国以外の国々は対外決済面からの制約を受け、対外赤字拡大のもとでは対外投資は不可能であったが、米国の経常収支赤字累増プラス対外投融資拡大は、黒字諸国に対しこの制約を取り除く作用を果たすものであった。

黒字諸国から投機的金融取引に向かうのは、黒字それ自体だけではない。黒字国では通貨膨張・

信用膨張・財政赤字拡大をつうじて、投機的金融収益を求めて資金が膨張されるのである。こうして米国は、自国＝米国の膨大化する金融商品に対する需要＝投資を拡大することになる。このため、外国の対米投資＝米国への資本流入の拡大は、外国がリスクのある証券化商品やGSE債券等の保有を膨張させることになる。

米国の経常収支赤字プラス対外投融資によって流出したドルが米国へ還流するといわれる関係が、以上のような内容であることを見逃してはならない。

米国の対外純債務国への転落

以上の結果、大戦後強大な「対外純債権国」（米国が外国にもつ資産が、外国が米国国内にもつ資産を上回る国）であった米国が、一九八〇年代中葉には、一四年以来七十年ぶりに「対外純債務国」（米国が外国にもつ資産が、外国が米国国内にもつ資産を下回る国）に転落していった。この「対外純債務」額はその後急速に拡大し続けている。このように「対外純債務」額が急増したことは、米国の経常収支赤字をますます解決困難なものとしていった。なぜなら「対外投資収益収支」の黒字が激減しこの黒字減少と経常収支赤字との悪循環が生じたからである。大戦後、強大な「対外純債権国」であった米国では、「対外投資収益収支」の莫大な黒字が、「経常収支」のうちの巨大な対外軍事支出・対外援助等の赤字を埋め合わせており、貿易収支の赤字転落後には「経常収支」のうちの唯一の黒字項目であった。したがって「対外投資収益収支」黒字の激減は経常収支赤字をいっそう拡大し、両者の悪循環を生み出していく。

また以上の結果、米国の国際投資ポジションでは、米国が外国にもつ資産総額も、外国が米国内にもつ資産総額も急速に拡大している。この外国が米国内にもつ資産の拡大では、リスクのある資産が増大している。

第三章　実体経済から独立した投機的金融活動

第三章の課題は、金融が実体経済から離れて、金融面それ自体で金融収益を求める投機的金融活動を本格化したことの基本的な考察である。

この「実体経済から独立した投機的金融活動」は、現代資本主義の変質・金融の変質を表す基本的特質として筆者が強調してきたものであり、これが第Ⅱ部で見る「資産の証券化」「証券の証券化」等を生み出し、「新しい金融取引の重層的拡大の連鎖」を構築していくのである。したがってこの「実体経済から独立した投機的金融活動」は本書第Ⅰ部、第Ⅱ部全体をつうじてはじめて明らかになるのであって、第三章で取り上げるのはこの基本的特徴だけである。

第一節　過去の投機

投機は価格変動それ自体から価格差益＝投機利益を獲得しようとする取引である。投機はなんらの生産物・価値を生み出すこともない。価格の予想にもとづいてたんなる価格変動差それ自体から収益を得ようとするものである。一般的に投機の資金は借入れに依存する傾向が強いので、投機の失敗は資金の借入れ先に損失を与え、金融市場に混乱・麻痺をもたらす可能性が大きいということも投機の特徴である。

過去の投機の特徴

投機の歴史は古い。一六三六年オランダのチューリップ球根をめぐる熱狂的投機、価格暴騰が生じわずか一年の後に一気に価格暴落・投機崩壊・大損失波及となる。一七二〇年にはイギリスのサウスシー会社の株式をめぐって、同じような熱狂的投機、株価暴騰が起こり、一年足らずで株価暴落、投機崩壊、損失の一挙拡大となる。いわゆるサウスシー・バブル（「南海泡沫事件」）である。これらでは「狂気」・「熱病」ともいえる投機ブームが生じ、一年ぐらいで崩壊したのである。(1)

競争の支配する一九世紀資本主義では投機は広範化する。天候に左右されやすい農作物・素原料で投機が進むほか、好況期・活況期で需要拡大・価格上昇の予想が膨らむもとで、それらのいっそうの価格上昇を見通して投機的買付けが活発化する。この投機的買付けの活発化は、過剰生産の発現を一時隠蔽して外観的な繁栄・過度な膨張を生み出す役割を果たし、したがってこの投機の失敗（投機的在庫の販売難・価格崩落）を直接の契機として、過剰生産恐慌が発生することが多い。また投機の多くは借入れに依存しているので、投機の失敗は金融機関の経営悪化・破綻を惹起し金融恐慌に陥ることもある。そして投機も、投機をめぐる信用膨張も、恐慌によっていっきょに収縮・破壊されたのである。また株式も一般的に、好況期で価格上昇の見込みが膨らむもとで、価格上昇と投機的買付けが進み、恐慌によって株価暴落となる。

初期ＩＭＦ体制における投機の抑制

初期ＩＭＦ体制では、金ドル交換と厳しい固定レート制によってドル・各国通貨の安定化機能があったので、為替投機が入り込む余地はなかった。ただしある国の国際収支不均衡拡大によって平価変更の認可が不可避と予想される場合に限っては、当該通貨の投機的売り浴びせ、あるいは買い殺到が生じ平価変更の幅がかえって拡大することになる。また一九六〇年代後半のように基軸通貨ドルへの不信が高まると、猛烈なドル売りと金や強い通貨の買い殺到が生じるが、これが頻発したのは初期ＩＭＦ体制の動揺・崩壊の過程のことである（二五〜二六頁）。

また為替以外の投機活動も、初期ＩＭＦ体制では通貨膨張・信用膨張が抑制されていたため資金面で制約があった。したがって投機的活動は部分的・一時的であった。バブルと呼ばれる事態もほとんどなかった。ニューヨーク・ダウ平均が一九五六年三月から金ドル交換停止直後の七二年一一月までの十数年間において、五〇〇ドルから一〇〇〇ドルまでしか上昇しなかったことは注目に値する。

第二節　金ドル交換停止後における「実体経済から独立した投機的金融活動」

金ドル交換停止・初期ＩＭＦ体制崩壊の後には、新たに投機的金融活動が本格化するが、その基本は、実体経済から離れて、金融面での投機的金融収益を求める投機的金融活動であるということにある。

金融の自由化・国際化と、変動相場制におけるドル・為替の変動の恒常化、たえざる金利変動によって国際的取引・保有資産のリスクが拡大するもとでかかる金融面での投機的取引が拡がっていく。

投機的金融活動の対象の拡大と活動の恒常化

この「実体経済から独立した投機的金融活動」の特徴は、新自由主義による規制緩和が拡がるもとで、たえず活動の壁＝限界を乗り越え、よりいっそう有利な新しい対象と手法を開発していき、収益拡大の対象を拡張し、収益を膨大化していくことである。その主要な対象は最初は外国為替と株式であったが、一九八〇年代中葉には新たに「証券化」に乗り出し、住宅ローン債権の「証券化（RMBS）」、自動車ローン・クレジットカード債権等の「資産の証券化（ABS）」を進める。九〇年代中葉以降には夥しい数のさまざまな種類の証券を集めそれらを混ぜ合わせて組成する「証券の証券化（CDO）」を開発し爆発的普及を遂げ、さらにはそれらの金融保証のためのモノラインやCDSによって新しい対象を膨大化していくのである。

ここで注目されることは、金融面での金融的収益を求める投機的金融活動、とくに「証券化」では、対象が次々といわば無制限的に膨れていき、好況・不況にかかわらず恒常的に展開されるようになることである。

かつての資本主義では、再生産における原料や生産物をめぐって投機的買付けが行われるため、その対象と規模はおのずと実体経済の再生産規模の拡がりによって制約されており、投機は、一部の農作物等を除けば、産業循環における好況・活況下での需要拡大・価格上昇の見込める局面に限定されていた。なおそこでは株式でも新しい株式会社設立か増資がない限り、投機の対象である株式総数は増大しないという制約がある。

これに反し、金ドル交換停止後、実体経済から離れて、金融面それ自体での金融収益を獲得しようとする投機的金融活動、とくに「証券化」ではかかる制約は無く、次々と対象を拡大していき、したがってまた国境を越えて展開することも可能なのである。また当然のことながら、実体経済の好・不況にかかわらず、恒常的に展開するのである。

「投機的金融活動」の概念

ところでこの新しい「投機的金融活動」について注意しなければならないのは、ここでは投機が「純粋な投機」としては現れなくなり、それが「投機」の概念とは異なるものとなったことである。まず「投機的金融活動」は多様な形でのリスク回避と結合して展開するため、特定の財や株式をめぐる古い投機のように純粋な「投機」としては現れないということである。新しい「投機的金融活動」の特徴である。このことはデリバティブがリスク回避の手段であると同時に投機的収益獲得の手段ともなること（第二節）から理解できるであろう。したがってここでは、純粋な「投機」活動とそうでないものとを区別することは、理論的にも現実的にも困難になっている。

また、金融面での金融収益を求める投機的金融活動は、価格変動から変動差益を得るものだけではなく、金利の変動と各国間格差、金融商品を売る権利と買う権利の交換、各種のリスク売買等をめぐる収益を獲得するもの等が次々と生み出されている。これらはいずれも、ある財の価格変動差による収益を得る投機とは異なるものとなっている。

本書において「投機的」金融活動と呼んでいるのはこのためである。

以上で明らかなように、この投機的金融活動の分析は、かつての投機の分析とは異なって、非常に広範な金融取引にわたって、複雑な金融的仕組み・手法の分析を必要とすることになるのである。

資産バブル

近年「バブル」という用語が流布しているが、「バブル」は限定して用いるべきである。筆者はかつて一九八〇年代中葉以降における米国の株式、日本の住宅用土地・その他土地におけるバブルに関連して、バブルを「資産（株式や土地）の価格変動差益の獲得を目指す投機活動と資産価格上昇とが相互促進しあうことをつうじて資産価格が上昇を続け、実体経済の状態からいちじるしく乖離してしまうこと」と定義した。バブルは、土地や株式では実体経済で再生産できないため価格が上昇しても供給が増大しないから、価格上昇傾向と投機的買付けとが相互促進的に進み価格がスパイラル的に上昇を続けることになるのであり、金ドル交換停止・初期ＩＭＦ体制崩壊と金融の自由化・国際化のもとで「節度のなくなった通貨膨張・信用膨張」がかかる投機的金融活動を支えることが、かかる価格上昇の持続を可能にしてきたと述べてきた。[2] この規定はその後の土地、株式や近年の資源のバブルにも適用できると考えている。

しかしながら新しい証券化・証券の証券化をめぐる投機的金融活動の膨大化・金融資産価値の膨張について「バブル」を用いることはできない。これは、ある資産の価格変動差を求める投機・バブルとは異なる内容のものであり、それゆえに独特の投機的金融活動の重層的な拡大の諸連鎖を構築していくことになる。

第Ⅱ部で見るように、米国の証券化・証券の証券化は米国の住宅ローン（「土地付き一戸建て住宅」ローン）をめぐるものである。しかしこれは住宅（「土地付き住宅」）そのものをめぐるたんなる投機と価格上昇・バブルでは決してないし、住宅ローン（「土地付き住宅」）貸付の需給それ自体をめぐる価格上昇でもない。もしそれであれば銀行の貸付能力によって住宅ローン供給は制約されるし、住宅ローンをめぐって金融取引が膨張していく連鎖が生み出されることも決してない。

新しく生じたことは、住宅ローンが、住宅ローン債権の証券化・RMBS、さらに証券の証券化・CDOの膨大化という内容で膨大化し、さらにそれらをめぐるCDSが生まれていったことである。ここに新しい金融取引膨張の諸連鎖が生じる基礎、これら諸連鎖を解く鍵があるのである。

したがって、これを「住宅バブル」ということは不適確であるし、金融バブル、バブル経済等という用語は事態の解明を妨げるものである。

本書では世界的金融危機を惹起する諸連鎖の構図を解明するという主題のために、以上のような「実体経済から独立した投機的金融活動」とその主要な展開を分析の中心にしており、株式等のバブルについては必要な限りで言及するにとどめている。

ただし世界的金融危機が勃発した後には、投機的金融活動が新しい資源や環境ビジネス等をめぐって新しい手法の投機的活動を展開する可能性があるので、本書で取り扱った金融活動の内容や金融取引膨張の連鎖は今後変化する可能性もある。

第三節　投機的金融活動普及の柱――情報技術、デリバティブ、ヘッジファンド

第三節では、「実体経済から独立した投機的金融活動」の拡大を支えていった基礎を取り上げることによって投機的金融活動の基本をより明らかにしたい。

技術開発

金融業務は本来、情報の処理を主要業務としているが、大型コンピュータによる大量の情報を瞬時に正確に処理する情報技術の進歩、パソコンの発展は、金融の自由化・国際化における国際的投機的活動の拡大を支える基礎となると同時に、デリバティブ等の新しい金融商品の開発・改良を促進していった。

さらに一九八〇年代末以降、米国では「情報通信革命」――情報内容（情報ソフト）の革新、それを伝達する情報ネットワーク・インターネットの発展、それを送受する情報機器の発展の統合が実現した。この情報技術の発展・「情報通信革命」は、米国の超軍事技術開発・宇宙開発と金融業からの要請によって推進されたものといえるが、その実現は金融の自由化・国際化を飛躍させると同時に、金融工学の発展を促し、第Ⅱ部で見るような「証券化の新段階」でのCDO、CDS等の開発・改良を推進する役割を果たす。

デリバティブ

すでに指摘したように、「金ドル交換」停止の翌一九七二年、シカゴ・マーカンタイル取引所で史上初めて通貨の先物取引が始まり、七七年には米国財務省証券の先物取引が始まった。デリバティブ（Derivatives, 現物取引から派生した金融派生商品、日本ではデリバティブ）の開始である。金融の自由化・国際化のもとで国際的資本取引が膨大化し、国際的取引・資産保有のリスクが拡大すると同時に投機的収益獲得の機会が拡大したため、リスクを回避する手段であるデリバティブが開発されるがこれは同時に投機的手段としても機能するのである。

デリバティブは「本源的」なものである外国為替、債券、株式、金利等の実物の取引から「派生」した取引という意味である。デリバティブには、①通貨、株式、債券等の将来の価格をあらかじめ決めて取引する「先物取引」、②金利（変動金利と固定金利）や異なる通貨建て債権・債務等を交換する「スワップ」、③為替や債権を売る権利・買う権利を売買する「オプション」がある。

デリバティブの基本的特徴は、将来のある時点での通貨・株式・債券の価格や金利水準等を、現時点で決めて取引することである。このことによって、将来におけるそれらの実際の変動によって生じるリスクを回避することができる。デリバティブはリスクの回避にとって非常に有効な手段であるが、しかし将来の価格や金利等を変動差益＝投機的利益を獲得するように設定して取引をすることもできるので、デリバティブは投機的利益を獲得する有効な手段ともなるのである。

第二は、デリバティブでは、高いレバレッジ（leverage「てこ」の原理）により、少ない元手（「証拠金」）をはるかに上まわる取引が可能だということである。デリバティブでは、取引時点では取引元本は移動しない。取引元本は実在していないので「想定元本（notional amounts）」と呼ばれるが、この「想定元本」によって将来の損益が計算され、将来時点で損益の授受が行われる。つまり僅かな元手で、それをはるかに上まわる「想定元本」の額の取引ができ、その効果を受け取ることができるのである。したがって僅かな元手で膨大な投機的取引を行うことができる。しかし同時に、将来時点での巨額の損失発生が予想されると、契約によってかなりの現金差し出しや清算を迫られる危険があるし、さらに実際に巨額の損失を蒙る危険を孕んでいる。

第三に、デリバティブは元本が動かず運用当事者のバランスシート（貸借対照表）に記載されないので、オフバランス（簿外取引）である。これは一般企業にとっても有効であった。とくに金融機関ではデリバティブは、銀行の貸付から除外され、ＢＩＳ（国際決済銀行）の規制する自己資本比率を維持するうえに有効であった。このこともデリバティブ普及を促進した。

第四に、デリバティブはリスク回避の有効な手段ではあるが、かえってリスクを拡大する作用をもっている。高いレバレッジで多様なデリバティブ取引が膨大化することは外国為替相場、証券価格等の変動を増幅する作用を果たすが、外国為替相場、証券価格等の変動が惹起されることは、これらをつうじて膨大な各種損失を生むリスクをもたらすものである。

こうして米国によるデリバティブの普及は、世界中にわたってリスクを増幅し新しいリスクを生み出すことをつうじて、世界中にデリバティブ取引をせざるをえない関係を押し付けていき、このデリバティブの普及をつうじて投機的金融活動を世界に拡げていったのである。

ＢＩＳ（国際決済銀行）の「年次報告（一九九〇年）」は「取引所や店頭で取引される派生商品（デリバティブズ）の市場が急拡大したことは、一九八〇年代に金融市場で生じたもっとも注目すべき出来事といえよう(3)」（傍点井村）という。

デリバティブは国際的な投機的金融活動、新金融商品開発の基礎として現在まで重要な役割を果たしてきているが、その内容はますます複雑となり、新しい金融商品との合成も進められている。二〇〇〇年代はじめに始まったＣＤＳという金融保証（保険）のデリバティブは爆発的な拡大を遂げていくことになる。

ヘッジファンド

米国で一九八〇年代以降急増したヘッジファンド（Hedge Fund）は国際的な投機的金融活動の主要な担い手として投機的金融活動を普及させていくうえで重要な役割を果たした。ヘッジファンドは富裕層や機関投資家から巨額の資金（当初は最低一〇〇万ドル程度）を預かって高収益での運用を請け負う私的な投資運用集団である。

その基本的特徴は、きわめて自由度が高い投資運用集団であるため、投機的利益を最大限獲得する活動を展開することである。ヘッジは「垣根」で、「リスク回避」という意味であるが、実態がそれとはまったく異なるものとなっていることは一般に認められている。その活動の対象は各国の通貨・株式・国債・社債・不動産等、収益が予想されるあらゆる分野にわたっており、第四章で見る「資産の証券化」、「証券の証券化」への投資の他、ＡＢＣＰ、ＣＤＳ等にも積極的に乗り出し、重要な役割を果たしていることである。

第二に、非常に高いレバレッジで手元資金の数倍〜数十倍もの取引を行っている。ヘッジファンドは集めた運用資金＝元手を用いて金融機関から借入れを拡大し、これらにもとづいてデリバティブ、「空売り」を駆使するので、レバレッジは高まるのである。このレバレッジには、僅かな元手を利用して銀行からの借入れを拡大するものと、デリバティブのような手法で僅かな元手によって巨額の投機的取引を行うものの二つがあるが、理論的にはこの二つは分けて考えるべきである。

第三に、ヘッジファンドはオフバランスであるうえ、ファンドは本国での課税や情報開示を避け、ケイマン諸島等のタックスヘイブン（課税回避地）に設立されるので、活動の実態の把握はきわめて困難である。

第四に、ヘッジファンドは、たんに為替相場、金利、証券価格等の変動を利用して投機的利益を獲得するだけではなく、膨大な取引で世界各国の為替、金利、証券価格等の変動を操作する力をもち、これらの操作によって巨額の投機的利益を獲得している。このため、ヘッジファンドによって為替相場、金利、証券価格等に不規則で予想できない変動が生じ、これまで存在しなかった各種のリスクが生み出されていった。ただしこれはその後のヘッジファンドの変化によって程度と内容が変化していく。

一九九二年八月末、米ファンタム・ファンド代表の、ジョージ・ソロス氏はイギリスの七〇億ドルものポンドを徹底的に空売りしてポンド暴落を惹起し、六〇億ドルのマルクを買いわずか一週間で一五億ドルを儲けたという。イギリスはこの暴落によって「欧州通貨制度」の「ERM（為替を一定の枠に収めようという為替相場メカニズム）」からの離脱を余儀なくされた。また九七年夏のタイのバーツに始まるアジア通貨の暴落でもソロス氏が仕掛け巨額の利益を獲得したと噂されており、マレーシアのマハティール首相がソロス氏を非難し、米国政府筋が反論する一幕もあった。

一九九八年、米国最大のヘッジファンドであるLTCM（Long Term Capital Management）が、ロシアの通貨危機のもとで巨額の損失を出し経営破綻に追い込まれた。投資家から集めた二二億ドルをもとに銀行から一二五〇億ドル借り入れ、投資活動規模は一兆二五〇〇億ドルに上っており、ヘッジファンドの驚異的レバレッジによる投機的活動の実態が明るみに出た。その破綻が世界の金融市場の動揺を招く恐れがあるため、米国大手一四行が救済に乗り出し破綻を免れた。ノーベル経済学賞受賞のマイロン・ショールズ氏、ロバート・マートン氏や元FRB副議長デービッド・マリンズ氏が経営に参加していた。

ヘッジファンドは巨大組織のLTCM、その他の破綻と巨大損失、「証券化の新段階」の展開とが重なるもとで、それまでのような巨大な規模ではないものが新しいCDO、CDS等に乗り出し、さまざまな分野で活動するようになる。クリントン米政権が一九九六年「証券市場改革法」でヘッジファンド運用の規制緩和によってヘッジファンドの設立を容易にする措置をとったことがこうした動きを加速した。さらにまた「グラス＝スティーガル法」による銀行・証券の垣根が緩和、撤廃されるもとで、米国の大手金融機関は既存のヘッジファンドの買収やヘッジファンドの設立によって傘下にオフバランスのヘッジファンドを複数設けるようになった。こうしたヘッジファンド、独立したヘッジファンドはともに、第Ⅱ部で見る「証券の証券化」においてきわめて重要な役割を演じるようになる。

なおヘッジファンド以外の投資ファンドも増大したので、それらをヘッジファンドに含める場合もある(4)。

ミューチュアル・ファンド

米国には、ヘッジファンドとは異なり、一般大衆の資金を運用する公募型投資信託であるミューチュアル・ファンドがあるが、これもデリバティブの激増とともに、一九九〇年代に急速に拡大する。七八年の「国内歳入法四〇一条（k）項で容認された「確定拠出型」退職貯蓄プラン（略称四〇一k、従業員が自己責任で拠出金の投資先を決定・運用するもの）の巨額の資金を運用するとともに、個人年金積立奨励制度の個人退職勘定からの資金運用によって、巨大な投資を行う担い手となった。国民の貯蓄、将来の退職年金基金までもが投機的金融活動に利用されていくことになるのである。

第Ⅱ部　世界的金融危機を惹起する諸連鎖

米国のサブプライムローン焦付きを契機として生じた今回の金融混乱が、なぜサブプライムローン焦付きをはるかに超える膨大な損失を惹起し、世界中の金融機関・金融市場を危機に陥れる世界的金融危機となっていったのか——これを明らかにするのが第Ⅱ部の課題である。

この問題解明の鍵は、第三章で見た新しい「投機的金融活動」がその新たな活動分野として開発していった資産・債権の「証券化」・「証券の証券化」の爆発的拡大にある。

「証券化」の最初は単純な「住宅ローン債権担保証券（RMBS）」やその他の「資産担保証券（ABS）」である（第四章第一節）が、しかしこれだけであれば今回のような「世界的金融危機を惹起する諸連鎖」が構築されることはない。

注目すべきは、「証券化」が一九九〇年代中葉以降、金融工学にもとづいて新しい展開を遂げたことである。筆者のいう「証券化の新段階」である。新たに夥しい数の各種の証券（RMBS、ABS）を混ぜ合わせてCDOが組成された、「証券の証券化」＝「再証券化」である（第四章第二節以降）。このCDOは住宅価格上昇がいつまでも続くという期待＝幻想の膨らむもと、住宅資産価値膨張・住宅ローン需要拡大と相互促進的に、驚異的膨張をとげる（第五章）。さらにまたこのCDOの膨大化を軸として、CDO運用の資金調達のための「ABCP（資産担保コマーシャルペーパー）」発行、CDO等の金融保証（保険）のためのモノライン、CDS（金融保証のデリバティブ）……等、一連の新しい巨大金融取引が生み出され、「金融取引の重層的拡大の諸連鎖」が構築されていった（第六章）。ところがこの「金融取引の重層的拡大の諸連鎖」は同時にリスクを累積していき、巨大リスクの発現=損失を次々と誘発し「巨大損失を一気に世界に拡げていくマイナスの諸連鎖(下降の諸連鎖)」を構築するものでもあった(第七章)。筆者は「金融取引の重層的拡大の諸連鎖」と「巨大損失を一気に世界中に拡大するマイナスの諸連鎖」を「世界的金融危機を惹起する諸連鎖」と呼ぶ。

最後の第八章では、今回の世界的金融危機に対して、米国はじめ諸国家が、金融救済のためにあらゆる手段を総動員していったことについてこれら政策発動の特徴とその結果を考察し、現代資本主義がいかなる問題・矛盾を抱え込んだかを示す。

以上、第Ⅱ部をつうじて、今回の世界的金融危機が、これまでの資本主義の歴史ではまったく経験しなかった内容のものであり、史上初の新しい質の世界的金融危機であることを明らかにする。

第四章 「資産の証券化」と「証券の証券化」の特質と仕組み

本章の課題は、まず単純な「資産の証券化」を明らかにしたうえで、「証券の証券化」・CDOを取り上げ、CDOの基本的な仕組みと特徴・問題点を理論的に明らかにすることである。そしてリスクの分散・移転によってリスク問題を「解決」したといわれるCDOが、リスク問題を「解決」できないばかりか、リスクを増幅し、リスク発現＝損失を膨大化していく危険を生み出すものであることを明らかにする。

第一節　「資産の証券化」とはなにか、その仕組みと特徴

金融機関の長期貸付による住宅ローン

ここでは住宅ローンを例にとる。金融機関が住宅ローンの供与を行う場合には、貸し手の金融機関は単独で長期（米国では平均三〇年間）にわたって貸付を続け、債権を保有しそのリスクを負っている。したがって返済不能が生じるとそのすべてがその金融機関の不良債権となるので、金融機関は慎重に借り手の信用調査を行い信用度の高い借り手に限って貸し付ける。ここでは住宅ローンの規模は個々の金融機関の貸付力によって制限されることになる。

米国住宅ローンは、大戦前から金融機関による長期貸付であり、大戦後は「住宅貯蓄貸付組合（S&L、Saving Loan Associations）」の住宅ローンが重要な役割を果たし、一九七〇年代までは政府の優遇措置もあってこれが住宅ローンの半分近くを担っていた。だが、八〇年代には次に見る「証券化」が拡がるとともに、八〇年代末に生じた「S&L危機」が住宅ローンの長期貸付から「証券化」への転換を決定的にした。

S&Lは組合員からの零細な預金・出資金を元にして住宅ローンを行うものである。一九八〇年代には金融自由化による新しい金融取引分野拡大にともなう預金の低迷、新しい「証券化」による市場の圧迫、競争激化のもとでずさんな企業買収関連融資や危険なジャ

ンク・ボンド等への投資が拡大したうえ、八〇年代の石油価格下落・テキサス周辺の不動産価格下落による返済延滞・返済不能がS&L自身の不良債権・損失を急増していった。八〇年代末のS&Lの大量破綻によっていわゆる「S&L危機」が発生した。このS&L破綻処理のために投入された公的資金は一五九八億ドル、その他を加え財政負担総額は約三七〇〇億ドルにのぼる。

「資産の証券化」とはなにか、住宅ローン債権担保証券の仕組み

「資産の証券化」とは、住宅ローン等の債権を買い集めた金融機関が、その債権から生じるキャッシュフロー（元利返済）を裏づけにして、集めた債権を多数の投資家の購入しやすい小口証券に仕立てて売却し資金を獲得することである。

米国の住宅ローンを例にとると、住宅ローンの借り手と正式に契約した貸し手である「住宅ローン専門会社」はこの住宅ローン債権をただちに証券化を行う金融機関に売却する。この金融機関は大量の住宅ローン債権を買い集めて、小口の「住宅ローン債権担保証券」を発行し、多数の投資家に販売して、資金を獲得するのである。米国では、この「住宅ローン債権担保証券」を、RMBS（Residential Mortgage-Backed Securities）、あるいはMBSと呼ぶ。ただしMBSには非住宅関連のものもあるので、以下では「住宅ローン債権担保証券」をRMBSとする。（米国では旧くから、住宅等の不動産への貸付のさい債務者＝借り手は住宅等の不動産を担保として「抵当証書（Mortgage, モー

ゲージ)」を振り出していたので、このモーゲージ(債権)を担保とするという意味で、「住宅ローン債権担保証券」はモーゲージ担保証券と呼ばれた。)

証券化による変化の第一は、証券を組成する金融機関が証券の発行・販売によって多数の投資家から膨大な資金を調達できるので、資金を長期間貸し付ける必要がなくなり、住宅ローン取扱額を一挙に膨大化し、収益を膨大化できることである。これは住宅ローンの借り手に対してローン供給を一挙に拡大するので、住宅需要者にも政府当局にも歓迎される。

第二は、住宅ローン返済遅延・不能が生じるリスクが、多数の証券投資家に分割され移転されることである。証券組成機関の集める住宅ローン債権が大量であればあるほど、返済不能のリスクはより多数の投資家に分散されるので、一部に返済不能が生じても個々の投資家のリスクは軽微である。それが予想された範囲であれば、プールされた資金で処理され、証券価格・証券取引に支障をもたらさない。また大量の住宅ローンを扱うことによって一件あたりの諸経費が軽減される効果もある。

第三に、住宅ローン債権が証券化されて販売されると、金融機関の貸借対照表の資産(貸付)には計上されなくなるので、証券化はBIS規制のもとで義務づけられた自己資本比率を維持するうえに有効であった。このことが証券化を促すよう作用した。

しかし、証券化されると、住宅ローンを貸し付けた住宅ローン専門会社は住宅ローン債権をただちに売却してしまい、返済不能が生じても自分の損失とならないため、返済能力を充分検討しないで貸し付け、契約数を拡大して手数料収得を増やそうとするという問題が生じる。

ファニーメイ、フレディマックによるRMBSの普及

住宅ローン債権の証券化ではその証券を組成する金融機関への信用が不可欠の前提であるので、米国ではまず信用力のある公的機関によって始められた。一九七〇年、政府機関であるジニーメイ(政府住宅抵当金庫)が住宅ローンの証券化を始めた。さらにまた「政府支援企業(GSE)」のフレディマック(連邦住宅金融貸付公社)が七一年、同じGSEのファニーメイ(連邦住宅抵当金庫)が八一年、証券化業務を始めた。このGSE二社は、住宅ローン長期貸付を行わないで、民間金融機関からGSEが設けた「GSE買取り基準」を満たした比較的信用力のある住宅「適格ローン」を買い取り、これらを担保にしてRMBS証券を組成し、この元利支払いを保証し、証券を販売した。これら二社はここで見た資産=住宅ローン債権だけを証券化するのであって、後述の「証券の証券化」であるCDO組成は行わない。

だがその後GSE二社は金融工学の発展にもとづいて、RMBS組成や金融保証においてリスク評価、リスク分散・移転の手法を取り入れていき、「適格ローン」以下の債権=サブプライムローン債権も集めて証券化していき、RMBS組成、住宅ローン(供給)規模を急激に拡大していく(1)。このGSE二社は経営危機に陥るまで、米国住宅ローン債権の証券化においてきわめて大きな役割を果たしている。

民間金融機関が「住宅ローン債権の証券化」に乗り出すのは一九九〇年代であるが、大手民間金融機関がその証券化を飛躍的に拡大していくのは、第二節で見る「証券の証券化」＝ＣＤＯの組成・発行においてである。

資産の証券化・資産担保証券（ＡＢＳ）

一九八〇年代後半以降、右のＲＭＢＳの仕組みを応用して金融資産を担保とする「資産担保証券（ＡＢＳ、Asset-Backed Securities）」が発行されていく。八五年ＧＭ（ゼネラル・モーターズ）の金融子会社であるＧＭＡＣがＲＭＢＳを応用して自動車ローン債権を担保とするＡＢＳを発行したのに続いて、クレジットカード債権、リース債権等の金融資産を担保にしたＡＢＳが相次いで開発された。これによってＧＭＡＣ等の取扱い機関が金融取引・金融収益を大膨張させるとともに、自動車ローン、クレジットカード等の市場をも飛躍的に拡大させた。

なお、ＲＭＢＳは住宅ローン債権という「資産」を証券化したものであるから一種の「資産担保証券（ＡＢＳ）」であるが、通常、ＲＭＢＳをＡＢＳに含めている場合と、ＡＢＳはＲＭＢＳ以外とする場合がある。筆者はＡＢＳはＲＭＢＳを含むものと考えるが、本書では住宅関連のＲＭＢＳとその他のＡＢＳとを区別して用いる。

GSE（政府支援企業）、ファニーメイ、フレディマック

ファニーメイ（Fannie Mae）は「連邦住宅抵当金庫（FNMA, Federal National Mortgage Association）の呼称（愛称）。ニューディール政策の一環として持ち家取得を促すための「国家住宅法」によって1938年設立され、70年に完全民営企業となる。81年「住宅ローン担保証券（RMBS）」の発行を開始した。

フレディマック（Freddie Mac）は「連邦住宅金融貸付公社（FHLMC, Federal Home Loan Mortgage Corporation）」の呼称（愛称）。70年に「緊急住宅金融法」によって設立され、88年に完全民営化された。翌71年にはRMBSの発行を開始した。

両社は設立の経緯から「政府支援企業（GSE, Government-Sponsored Enterprises）」と呼ばれ、事業内容の一部が規制されているが州税優遇、財務省の緊急融資枠等の特権がある。政府による債務保証はないが、GSEということで国内外、とくに外国では暗黙の政府保証があると理解され、高い信用力をもっていた。

両社は、住宅ローン債権を民間金融機関から買い取りRMBSを組成し保証をつけて販売する証券化業務と、債券（GSE債）を発行し調達資金をRMBS等に投資する投資業務を行っていた。

両社は米国の住宅ローン証券化の先駆けとしてその基礎を作るとともに、両社は米国住宅ローン証券化の半分近くを担ってきた。

08年9月7日、両社は経営破綻し、政府の管理下に置かれる。

だがその後、世界的金融危機で08年秋以降一般民間金融機関によるRMBS発行が不可能となったのに対し、政府管理下の両社による巨額のRMBS発行がRMBS市場を支え、FRBがこれを買い取ることになる。

なおエージェンシー（Agency）RMBSと呼ばれるものには、両社のRMBSの他に、GSEではなく、完全な政府機関であるジニーメイ（政府住宅抵当金庫、Ginnie Mae＝Government National Mortgage Association）の保証するRMBSが含まれるが、少額である。

第二節　「証券の証券化」とはなにか、ＣＤＯの仕組みと問題点

一九九〇年代中葉、米国では右のような「証券化」の経験と情報通信革命によるＩＴ技術進歩にもとづいて、金融工学の発達が証券化の動きに画期的な変化をもたらした。金融工学によって各種のリスクの推計・処理、「証券化」商品の収益授受の算定等が進み、「証券の証券化」であるＣＤＯ（Collateralized Debt Obligation）」が開発され、このＣＤＯの爆発的発展を軸にして第六章で見る巨大規模の金融取引が生み出されていくのである。筆者のいう「証券化の新段階」である。これを抜きにしては、今回の世界的金融危機を語ることはできない。

「証券の証券化」＝「再証券化」とはなにか

ＣＤＯは、大手組成金融機関が、大量の「住宅ローン債権担保証券（ＲＭＢＳ）」と自動車ローン債権・クレジットカード債権等の「資産担保証券（ＡＢＳ）」とを集め、これらからのキャッシュフローを裏づけとし、これら原証券を混ぜ合わせて多くのリスクのランク別トランシェ（小片）に切り分け、多数の新しい証券＝ＣＤＯに仕立てたものである。ここでは原証券＝ＲＭＢＳ・ＡＢＳが、新しい証券＝ＣＤＯに作り替えられるのである。ＣＤＯ証券の担保は、住宅ローン債権や自動車ローン債権等の「資産」ではなく、ＲＭＢＳ・ＡＢＳという「証券」である。「証券の証券化」、

あるいは「再証券化」といわれるゆえんである。本書では、集められてCDOに作り替えられていく元の証券（RMBS・ABS）を「原証券」と呼ぶ。

金融工学にもとづいたこのCDO組成の「原理」とは、異なるリスク・異なる種類の夥しい数の原証券を混ぜ合わせて、それらをリスクのランク別トランシェに切り分けて新CDOを組成していくことによって、リスクの徹底的な分散・移転によりリスク問題を「解決」するとともに、投資家のCDOの選択（ランク別）を容易にし、CDOの投資需要を膨大化するというものである。ここでもっとも重要なのは、異なる種類の膨大な原証券を集めて混ぜ合わせ新しいCDOに作り替えることによって、リスクを分散・移転しリスク問題を「解決」するという手法である。この原理、手法は、CDO以外でも、原証券の数や種類等に差があっても、ABS、RMBSの組成やその他の金融商品にも広く応用され普及していく。（リスク問題の「解決」については第三節で検討する。）

この結果、CDOの取引では、もはや住宅ローンの貸借関係、住宅ローンの元利金返済関係は見えなくなってしまい、見えるのは証券と収益の授受、CDO証券の売買の関係だけとなる（証券保有者へ支払われるものは配当ほかさまざまな用語が使われているが、以下では収益とする）。

なおCDOは一般に広く「債務担保証券」と訳されているが、これでは債務が担保になるような疑問をあたえる。少数の人は「資産担保証券」と訳している。CDOは「証券」という「資産」を担保にしているので「資産担保証券」の一種といえるが、これではABS＝「資産担保証券」と区別できなくなる。むしろ内容に即して「証券化商品担保証券」

の方が適切と思われるが、本書ではCDOをそのまま用いることにする。

CDOには各種のものがあるうえ、二〇〇〇年代には「シンセティックCDO」が急増していくが、ここではCDOの基本的特徴を解明するため、単純で基本と考えるものを取り上げる。

CDO組成の前段階

CDOを組成できるのは巨大な資金力・組織力・金融技術をもった米国の僅かな巨大な投資銀行、商業銀行（投資部門、傘下機関）だけである。以下では大手組成金融機関と呼ぶ。

大手金融機関がCDOを組成する場合、本体（部門）が直接行うか、傘下の諸機関にどれだけを委ねるかは、投資銀行、商業銀行によって異なるし、グラス＝スティーガル法による銀行業務と証券業務の分離規定の緩和・廃止の推移によっても変化するが、ここではそれには触れないで「大手CDO組成金融機関」によるものとする。

まず大手組成金融機関は、夥しい数のCDOを組成するために、住宅ローンを貸し付ける「住宅ローン専門会社」業務に乗り出し、またRMBS・ABSを組成する「特別目的事業体（SPV、Special Purpose Vehicle）」を傘下子会社として設立する。SPVは「住宅ローン専門会社」各社（傘下を含む）から大量の住宅ローン債権を集めて、住宅ローン債権のリスク評価をし、（CDOと同じように）リスクのランク別トランシェに切り分けてRMBSを組成していく。SPVは同時に、自動車ローンやクレジットローンの債権（資産）を集めてABSをも組成する。このRMBS・A

BSの多くはCDO組成金融機関に渡され、残りは二次CDO～数次CDOを加工する米国内外の金融機関やヘッジファンドに販売される。

CDO組成の仕組み

大手組成金融機関は、夥しい量のリスクの異なるRMBSと、自動車ローン債権・クレジットカード債権等の各種資産のABSを集めて、これら原証券のリスク評価にもとづいて、これら原証券を混ぜ合わせ、リスク別のトランシェ（小片）に細かく切り分けていく。ほとんどリスクのないもっとも安全なAAAから、AA、A、BBB、BB、Bまで、リスク順に格付けされた多くのトランシェに切り分けられる。これらの格付けの他に、「格付け外」にリスクの高い〝エクイティ〟部分がある。これらの格付けは米国の大手格付会社によって行われる。

こうして夥しい数と多くの種類の原証券は、混ぜ合わされて多くの新しい証券に組成されていくのである。

このさい、原証券全体が混ぜ合わされランク付けされるが、注意すべきはランク別のトランシェAAA、AA、Aそれぞれに、リスクの異なる原証券が混ぜ合わされていくことである。大量の原証券を混ぜ合わせてリスク別のトランシェへ作り替えるさい、リスクの高い原証券（たとえばサブプライムローン担保証券）は自身のリスク・格付けよりもより低いリスクのトランシェへ混入されて、より上位ランクのCDO（たとえばAA）になっていくのである。

この結果、CDO組成では、夥しい数の多数の種類の原証券が混ぜ合わされることをつうじて、組成されたCDOの束は、原証券の購入価格総額よりもより高い価値をもつ証券に仕立てられていくのである。これによって生じる差益は大手組成金融機関の収益となる。金融工学にもとづく「原理」によれば、非常に多くの数と種類のRMBS・ABSを混ぜ合わせると、個々の証券のリスクは「解決」されるので、原証券はリスクの低くなったより高い評価価値をもつ証券となるということであろう(八八〜八九頁)。

CDOの収益支払い・償還は「優先劣後」方式であり、最上位のAAAから順に収益支払い・償還を行い、それが終わった後に次のランクの支払い・償還を行うのである。組成金融機関は一応損失処理のための〝予備費〟を備えているが、それ以上に債務不履行の損失が生じると、まず〝エクイティ〟部分が収益受取り不能・償還不能となり、さらに損失が増大すれば、格付けの最下位のCDOから順に収益受取り不能となる。このような「優先劣後」方式はCDOのリスク格付けを補強する役割を果たしている。また格付け外に、ハイリスクの〝エクイティ〟を設けることが、格付けられたCDOの信用を補強する役割を果たしているのである。

そして以上のようなリスクのランクに対応して、収益率が異なるようになっている。

こうして膨大なRMBS・ABSの証券は、リスクがほとんど無いが収益率が低いものから、ハイリスク・ハイリターンの〝エクイティ〟まで、各種の新しい証券・CDOに「再証券化」されるのである。これによって個々の投資家の希望に応じたCDOが提供され、CDOの投資を拡大できるといわれるのである。ハイリスク・ハイリターンの〝エクイティ〟部分は、CDO組成機関とヘッジファンドが引き受けていく。

二次CDO〜数次CDO

以上のCDOはさらに再組成されていく。最初の（一次）CDOを組成できない米国内外の多くの金融機関は、各種の（一次）CDOを購入してこれにある程度のRMBS・ABSや社債、国債等を加えて、二次CDO、三次CDO……数次CDOを組成・販売し、収益を獲得していく。二次……数次と組成が加工されることによって、CDOの内容はますます複雑になっていく。

CDO売買の仕組み

CDO、RMBS、ABSの取引では、株式・債券のようなオープンの売買市場、売買時価は存在していない。取引は相対取引であるが、CDOではそれぞれに含まれる原証券やリスクの内容がわからなくなっているので、証券を購入する投資家は、組成した大手金融機関に対する信頼や格付けへの信頼に依存して、曖昧な評価価値で取引する。

ただし売買市場が無いことも、売買価格が曖昧なことも、CDO取引が順調に拡大する限りは問題にはならない。CDO取引が順調に拡大するもとでは組成・販売側は、原証券の購入価格総額を上回る評価価値でCDOを販売し収益を膨張させるが、投資家の側は将来の証券価値の上昇が期待できるので、その価格で購入＝投資を行っていく。

なお旺盛な投資需要が続くもとでは、すでに発行済みの既発行ＣＤＯの評価価値の膨張（販売価格上昇）が生じるが、これは既発行ＣＤＯの保有者の収益拡大となる。後に見るように、大手組成金融機関は組成したＣＤＯのかなりの部分――〝エクイティ〟部分を含む――を、本体、傘下機関で保有しているが、それはＣＤＯの高い収益を取得する他、既発行ＣＤＯの評価価値膨張（販売価格上昇）による収益の取得を狙っているためである。

しかしひとたび一部でサブプライムローン焦付きのような不安が生じると、株式市場のような売却方法も売却時価も無いため、既発行ＣＤＯを保有する投資家は販売不安のため安値で売り急ぎ、これが価格下落と販売難との相互促進を早くから作動させることになる（九四頁）。株式・債券とは大きな違いである。

第三節　ＣＤＯの特徴と問題の所在

見えなくなったＣＤＯの内容とリスク

ＣＤＯについてまず第一に注目されるのは、夥しい量と多くの種類の証券を集めてそれらを混ぜ合わせ、リスクの異なるランク別の多くのＣＤＯを組成していった結果、個々のＣＤＯにどのような証券がどれだけ含まれ、どれだけのリスクが含まれているのかが、わからなくなってしまったことである。二次CDO～数次CDOと、加工が進めば進むだけ、それらCDOの内容はさらに複雑化し、リスクはますますわからなくなっていく。こうした証券が大量に米国内外に販売されていったのである。

ずさんな住宅ローン貸付

CDO組成によるリスクの徹底的分散・移転でリスク問題が「解決」されるという「原理」は、住宅ローンや自動車ローン等の貸付において借り手の返済能力を審査しないでずさんな貸付を行うことを助長していった。

大手金融機関が各種の傘下組織と業務分担を行うもとで、ローンの債権とリスクは次々と移転されていき、債務不履行発生に対する警戒も、実際に債務不履行が発現した場合の責任の所在も不明確になっていった。住宅やその他ローンの借り手の返済能力を審査する者も、返済遅延・返済不能の危険をチェックし対処する者もいなくなってしまった。ブローカーは手数料増大のためにずさんな申し込みを募ってこれを「住宅ローン専門会社」に渡し、「住宅ローン専門会社」は正式にローン契約を結び貸付を行うがローン債権をただちに売却するため、たとえ返済遅延・返済不能が生じても自分の損失とはならないので、安易に契約・貸付を行う。これらローン債権を集めてRMBS・ABS証券を組成するSPVはこの証券を、CDO組成金融機関に渡し、この組成金融機関が大量のそれらを集めてCDOを組成しリスクを処理することになる。こうして住宅ローン、自動車ローンその他において、借り手の返済条件を充分検討する者も、その後返済遅延・返済不能の発生をチェックする者もいなくなってしまい、ずさんなローンの貸付が拡がっていったのである。

サブプライム住宅ローンの拡大

以上と関連して注目すべきは、今回世界の関心を集めた米国サブプライム住宅ローンが、実はCDOの拡大のために急激に拡張されていったことである。

サブプライム住宅ローンは信用力の低い借り手に対する相対的に高利の住宅ローンである。米国では、個人の信用力（ローン返済遅延等の信用履歴、借入残高、借入内容等）を示す「FICOスコア」（クレジットスコア）があり、これによって信用力のあるものを「プライム」、信用力の低いものを「サブプライム」としている。サブプライム住宅ローンは、リスクが高く証券化は無理とされていたが、CDOの開発が「サブプライム」層に住宅ローンを一挙に拡げることを可能としたのである。CDO組成では、膨大な各種のRMBS・ABSを集めて混ぜ合わせ、リスクを徹底的に分散・移転すればリスク問題は「解決」されるという「原理」によって、サブプライムローン担保証券のような高リスクで低い格付けの原証券であっても、膨大な数の他の証券に混入すれば良いとされ、サブプライムローン担保証券はより低いリスクで高格付けのCDOに仕立てられていったのである。

大手組成金融機関は、原証券のRMBS・ABSの数と種類をできるだけ増大し、CDO組成を増大すればするだけ収益を拡大できるので、新しい住宅ローン市場を開拓しRMBSを拡大することが不可欠であった。サブプライム住宅ローンはこのような収益拡大を可能にするきわめて有効な巨大市場であったのである。サブプライム住宅ローンは信用度が低いためローン金利は相対的に高いが、契約を取りやすくするため、最初の二〜三年は低い金利支払いだけで元本返済無しで、その後元利返済が大幅に増大する方式となっている。この方式は一九八二年の規制緩和措置で可能となった。

サブプライムローンは一九九〇年代後半以降のCDOの普及とともに伸び始め、とくに二〇〇三年以降の住宅ローンブームにおけるCDO激増のもとで急激な拡大を遂げた。米国住宅ローンに占めるサブプライムローンのシェアは〇一年五%から〇六年には二〇%以上へと急上昇した。

住宅ローンを勧誘するブローカーは、サブプライム住宅ローンの借り手の返済能力を検討しないで、収入証明等無しで、元利返済が急増すること等を説明しないまま、ずさんで強引な勧誘を行い手数料収入の拡大をはかった。正式に契約する「住宅ローン専門会社」は債権をすぐ売り渡すので借り手の返済能力を充分検討しないままサブプライム住宅ローン契約を拡大した。

今回、サブプライムローン焦付きについて、こうした強引で虚偽的な勧誘、返済能力を充分検討しないずさんな契約に対し、非難が高まっている。もちろんこのことも大きな問題であるが、しかしこれだけが問題なのでは決してない。真の問題は、金融工学にもとづいたCDOの組成「原理」が、たとえリスクの高いサブプライムローンであっても大量の証券と混ぜ合わせればリスクは分

CDOに組み込み収益を膨大化していったこと自体にある。

散・移転されるとし、サブプライム住宅ローンを急激に開拓し、高リスクを承知したうえでこれをCDOに組み込み収益を膨大化していったこと自体にある。

リスク「解決」による収益増大の仕組み

CDO組成で注目すべきいま一つの重要な問題は、CDO組成において、リスクの高い原証券がそれ自身のリスク・格付けよりも、リスクのより低い上位格付けランクに混入されて、高い格付け証券に仕立てられていくこと、この結果、組成されたCDOの束全体が原証券の購入価格総額よりも高い評価価値をもつ証券に仕立てられ販売されていくこと、である。これは大手組成金融機関に巨額の収益をもたらす。

金融工学にもとづいたCDO組成では、リスクの分散・移転によってリスクは「解決」されるので、高いリスクの原証券はよりリスクの低いより高い評価価値高をもつ証券となるということになろうが、これは金融工学によるたんなる「仮説」にすぎない。現実では旺盛な投資需要があれば、それに応じてCDOの組成・販売側は相対取引で評価価値を膨らませることができるのであり、購入（投資）側は将来の証券価値上昇を期待してその価値で購入（投資）するのである。つまり投資需要の旺盛なことを前提として、高い評価価値をもつ証券に仕立てられていくのである。このことが、CDOの仕組みではリスクの分散・移転によって、あたかも原証券がリスクの低いより高い評価価値をもつようになったかのように現象し説明されているのである。したがって複雑きわまりないCDOの仕組みは、新しいCDOの価値を膨らませていく「収益拡大のトリック」、「偽装」の仕組みであるといえる。そしてCDO取引が全般的に順調に進むもとでは、「収益拡大のトリック」もまた順調に続いていくのである。

CDOの分類では、原証券からのキャッシュフローをもとに、組成者の手数料を控除して、投資家への収益を払うもの（キャッシュフロー型）があるという。ただしこの型の分類は、投資家への収益の源泉からみた分類であって、組成者の収益がキャッシュフローの控除だけかどうかは問われていない。(2)

なお一般に組成金融機関の収益を「手数料」と呼ぶ場合が多いが、「手数料」では内容・源泉が曖昧で不明確である。

格付会社による格付けへの過度の依存

さらにまた、CDOが格付会社による格付けに大きく依存しているという問題がある。CDOの取引では、個々のCDOの内容・リスクが見えなくなっているうえ、株式のような売買市場、売買価格表示が存在しないため、投資家は格付会社によって的確な格付けが行われたであろうことを信用し、格付会社や組成大手金融機関への信頼を前提にして投資を行う他ないのである。

ところが米国ではこの格付けが、独占力をもった格付会社によって行われてきた。米国では二〇〇六年九月の改革法までは、「認定格付機関制度（NRSRO、Nationally Recognized Statistical

Rating Organization)」によって指定された民間格付会社が行ってきたが、参入障壁は高く僅かな会社が強い独占力をもっている。(3) ムーディーズ・インベスターズ・サービスとスタンダード・アンド・プアーズ（S&P）の二社が格付総額の約八割を占めており、これらは格付けで膨大な収益をあげCDOの膨大化とともに急激な成長を遂げた。これら格付会社にとってはCDO・RMBSを組成する大手組成金融機関は大顧客であり、格付証券の拡大によって自分の収益が増大するので、独占的格付会社が組成大手金融機関と癒着し、その意向に即して甘い格付けをするのはむしろ当然のことといえる。このように格付けされた米国証券が世界中で販売されていったのである。今回、サブプライムローン焦付き問題が表面化した後、米国内外で格付会社の格付けに対する不信と不満が一挙に高まった。

しかし真の問題は、CDOの組成・売買の仕組みそのものが格付けへ過度に依存せざるをえないという特質・限界をもっていること、米国当局が世界的に取引されているCDO・RMBSの格付けを、指定した独占的民間企業に委ね、格付けを監督もしないで放置してきたことにある。

第四節　CDOはリスクを解決できない、リスクを隠蔽し拡散する

最後に、理論的に見て、CDOがリスク問題を「解決」できないこと、そればかりかリスク発現＝損失を一気に拡大していく可能性を生み出したことを明らかにする。

ＣＤＯ・ＲＭＢＳのリスクには、①債務不履行（元利金・配当等の支払い不能）が生じるリスクと、②ＣＤＯ・ＲＭＢＳが将来市場で評価価値低下、販売価格下落・販売不能となるリスクがある。一般に前者は「信用リスク」、後者は「市場リスク」・「流動性リスク」と呼ばれるが、いずれも厳密な規定はなく、差異もあるので、ここではこうした呼び名は使わない。

① 債務不履行のリスク

本来リスクとは、将来において生じる不確実なもので、これらを正確に予測し算定することはできないし、リスクを完全に無くすることは不可能である。

金融工学にもとづいて、証券の債務不履行リスクをいかに詳しく検討してみても、それらは過去のデータ分析にもとづく推計であって、将来において生じる債務不履行のリスクを正確に算定できるわけでは決してない。過去の諸要因のデータ、それらの因果関係等は、あくまでも過去における諸条件のもとで生じたもので、現在および将来では、リスクは変化した諸条件のもとで異なる諸要因・因果関係によって発生する。たとえば将来における住宅ローンの返済不能のリスクは、将来における住宅価格と金利・住宅ローン金利によって大きく作用されるし、将来の景気、雇用・失業、収入、災害や家族状況等によっても左右されるが、これらを正確に予測し算定することは不可能である。

また、いかに大量の異なる種類の原証券を集めてリスクを大量のＣＤＯに分散・移転したとしても、そのことによって原証券に含まれているリスクそのものを無くすることはできないのである。

金融工学にもとづくCDO組成は、夥しい原証券のリスクを徹底的に分散・移転することによって個々のCDOにおけるリスク発生の確率を極小化しようとするものである。原証券のリスク発現が生じても、その程度が軽微であれば個々のCDOに与える損失は軽微で済むから問題とはならないが、しかし債務不履行がかなりの程度で（「想定」以上に）発現すれば、かなりのCDOに損失が及び、それらのCDOの評価価値低下→販売価格下落・販売不能を惹起することになる。

② 価格低下・販売不能のリスク

CDO・RMBS等には、将来、評価価値低下・販売価格下落、販売不能に陥るという重要な②のリスクがあるが、この②のリスクはその本質から見て、それを正確に算定することはできないばかりでなく、分散・移転はこの②のリスクに対しては意味をもたない。

しかも重要なことは、②のリスクの発現が、①の住宅ローン債務不履行の発生によって生じるだけではないことである。

②のリスクは将来における住宅価格、住宅ローン金利の見通し、政府の超低金利・金融緩和政策の行方、米国内外のヘッジファンドや機関投資家の投機的活動の行方等によって、左右される。CDO以外の金融取引の条件の変化、たとえば金融機関の損失穴埋めのためにCDOが販売されることや、あるいは投資家の新しいより有利な金融取引への投資先変更のためにCDOが販売される結

果、CDOの販売価格下落・販売不能が惹起される可能性も充分存在する。

②にとってはとくに将来、住宅価格上昇がどうなるかが重要であるし、将来における政府の超低金利・金融緩和政策や実体経済（雇用・所得）の動向も重要であるが、これらを前もって予測・算定することなど、とうてい不可能である。

さらにまた②のリスクは、CDO全般に対し共通する影響を与えるものであるから、いかに夥しい数の証券を混ぜ合わせてみても、②のリスクは分散・移転されることは決してない。

金融工学にもとづいたリスクの分散・移転によってリスク問題が「解決」されるという主張は、理論的に見て、②の販売価格下落・販売不能のリスクの問題を含まないものである。「含まない」というより、理論的にそれを「含むことはできない」のである。

CDOはリスクを解決できない、リスク発現を拡張する

金融工学によるCDO組成がリスクを「解決」するという主張は、理論的に見れば、証券化商品の順調な推移を前提したうえで、①の債務不履行のリスク発生の確率を極小化しようとするものにすぎない。そこでは、②のCDOの価格低下・販売困難が生じるという重要なリスクの問題は排除されているのである。したがって、これはきわめて非現実的な仮定にもとづく「机上の空論」といえよう。

今回の金融危機発生に対し、「想定外の」事態が生じたため、という意見が少なくなかったが、

そこにはこのことが反映されているといえよう。

ただし、実際にCDOの取引が順調に推移しているもとでは、その限りでは、この主張は「真実の理論」であるようかのように現象し、受け入れられる。一九九〇年代後半以降、とくに二〇〇〇年代の米国では、住宅価格上昇傾向が続き、RMBS、CDOが急速に拡大していき、そのもとで「金融工学にもとづいてリスクは分散され取り除かれた」という見解が喧伝され、これは〝神話〟のように信じられていった。格付会社による格付けと次に見るモノライン・CDSの保証（保険）がこの〝神話〟を支えた。そしてこの「神話」が、住宅価格上昇傾向、資産価値膨張の期待・幻想を膨らませ、CDO等の拡大を支える役割を果たしたのである。

しかしひとたびあるCDOで不安が生じると、価格下落・販売不能のリスク発生の不安が一気に高まっていく。それは①のリスクの発現からでも、②のリスクの発現からでも生じる。①サブプライム住宅ローンの債務不履行からも生じるが、米国ではとくに住宅価格の上昇鈍化、下落の予想だけであっても②のCDOの販売価格下落・販売不能のリスク発現が拡がっていく。

CDOでは個々のCDOに含まれる証券内容もリスクの所在もわからなくなっているので、ひとたびCDOをめぐる不安要因拡大が現れると、す
べてのCDOが――サブプライム住宅ローンとはまったく関係のないCDOまでもが疑わしくなり、疑心暗鬼に陥った保有者がCDOの売却に走り証券価格下落と売却拡大の口火を切る。しかもすでに指摘したようにCDO・RMBS・ABSでは株式のようなオープンな売買市場・売買価格が存在しないため、ひとたび不安が生じると投資家

は販売の不安から安値で売り急ぎ、売り急ぎと価格暴落・販売不能との連鎖を早く作動させていく。

したがってCDO組成で夥しい数の原証券を集めそれらを混ぜ合わせたうえでリスクの分散・移転をはかったことは、リスクの不安を多くのCDOに拡張していき、リスク発現＝損失をCDO全体にわたって拡大し、CDO固有の売り急ぎと価格下落・販売不能の連鎖を生み出すものであったのである。これがさらに損失拡大の諸連鎖（下降のマイナスの諸連鎖）を発動させることは第六章で取り上げる。

このように見てくると、CDOはリスクを「解決する」という主張が、いかに一面的で誤ったものであるかが明らかであろう。このような主張によってCDOのリスク処理の仕組みを賞賛してきた経済学者、フィナンシャル・アナリストの責任はきわめて大きいといわねばならない。

第五章　「証券化」による住宅ローン拡大

第四章で見たように、米国における投機的金融活動は住宅ローンを捉え、住宅ローン債権の「証券化」（RMBS）、その再証券化（CDO）を開発し、それらを急激に拡大していった。これは二〇〇〇年代はじめ、米国政府がITバブル崩壊に対する景気対策の柱を住宅需要拡大に置いたもとで、驚異的な拡大を遂げた。

米国の住宅ローン市場規模、住宅ローン債権の証券化市場がいかに巨大になっていったかを示す若干の数字をあげると、住宅ローン新規貸付額は二〇〇〇年一兆ドルから〇一年に倍増し、〇二年は三兆ドル台、最大の〇三年には四兆ドル弱になり、その後〇六年まで三兆ドル（約三三〇兆円）前後である。住宅ローン残高は二〇〇七年末約一〇兆ドル（約一一〇〇兆円）となっている。住宅ローン債権を証券化したRMBS発行残高は六兆ドル（約六六〇兆円）を超えており、住宅ローン

一〇兆ドルの約六割が証券化されている。このRMBSは米国の国債をしのぐ規模の市場となっている。(1)

住宅価格は二〇〇一年から急上昇を始め、二〇〇〇年一月に比べ、ピークの〇六年十月にはわずか数年で約二倍強となり、とくにロスアンゼルスでは約二・七倍、マイアミでは約二・八倍という異常な高騰である(本書図1)。

本章の課題は、住宅ローン拡大がCDO・RMBSをつうじての住宅ローン拡大であるという内容、CDO・RMBSの激増と住宅ローン需要拡大とが相互促進的に驚異的に拡大していった関連を明らかにし、(2)住宅資産価値膨張が金融取引膨張それ自体によって生まれた「虚の資産価値」の膨張であり、金融取引が減退すればただちに崩れてしまう「虚の資産価値」であることを明らかにする。なおここでのRMBSはCDOのリスク評価・リスク分散の手法をとり入れたものとなっている(七五頁)点、注意されたい。

米国の住宅ローンの対象は「土地付き一戸建て住宅」

あらかじめ注意しておきたいのは、米国では「住宅ローン取引」のほとんどが「土地付き一戸建て住宅」であり、「住宅価格」は「土地付き一戸建て住宅」の価格だということである。一般に用いられる「S&P/ケース・シラー住宅価格指数」、「FHFA(連邦住宅金融局)住宅価格指数」はこの「土地付き一戸建て住宅」の価格指数であって、このうちの土地部分の価格は不明である。

米国では日本の「公示価格」、「市街地価格（指数）」のような細かい地域別の土地価格の統計は存在しない。土地の資産価格総額の統計はあるが、細かい地域別の単価の推移は不明である。理論的には土地は再生産できないため、価格が上昇傾向を示しても生産・供給増大によって価格が反転することがないという特殊性があるが、この土地部分を「土地付き一戸建て住宅」、「土地付き住宅価格」から分けることは統計上不可能である。本書では米国資料に準じて、住宅を「土地付き一戸建て住宅」、住宅価格を「土地付き住宅」の価格として用いるが、しかしこれが再生産できない土地に住宅が建てられ一体化した資産＝「土地付き一戸建て住宅」であることに注意して考察する。

第一節　住宅ローンを捉えた証券化、証券化による住宅ローンの激増

住宅ローンの証券化が推進された理由

米国での大手証券組成金融機関が住宅ローンの証券化を捉えていった理由は、これが株式等よりもはるかに大きな市場を開拓し、金融収益を膨大化することができると期待したからである。株式ではその総数は、株式会社の創設か増資がない限り増大しないので、株価上昇による投機的収益を獲得する母体は株式発行数によって制限される。米国では一九九〇年代の「根拠なき熱狂」と呼ばれるもとで、株式発行数は、自社株買いによりむしろ減少していた。

これに反し、米国の住宅ローン市場には膨大な潜在的需要が存在しており、株式よりもはるかに

膨大な収益取得の機会（住宅ローン市場）を創出していくことができると期待された。すでに住宅ローン制度が一般化している米国では、住宅取得の多くが住宅ローンに依存しており住宅ローンへの潜在需要が大量に存在していたから、金融機関が住宅ローン供給を大量に拡大していけば潜在的需要を掘り起こし、実際のローン借入れを拡大できるであろうと期待されたのである。

事実、持ち家に対する潜在的需要はいっそう拡大し続けていた。米国では先進国中で比較的高い出生率と移民増加によって、住宅需要を左右する人口数が一九九五〜二〇〇五年には年平均約三〇〇万人の増加が続いていた。世帯数はこの間、九五年九九〇〇万世帯から一億一三一五万世帯へと一四〇〇万増加している。持ち家率は九〇〜九五年には六四％前後であった。（その後上昇し始め、〇六年に六八・八％にまで上昇する。）中位所得未満の方が持ち家率は低い。そして米国では住宅は個人の負担で持ち家を取得するものであるという考えが国家・国民の中に定着しており、公的賃貸住宅は基本的に低所得層対策のものに限られていた。

さらにまた、米国政府が住宅ローン、住宅ローン証券化への支援政策をとっていたことも住宅ローン証券化への期待を強めた。米国政府は新自由主義の規制緩和、競争市場原理主義を掲げ、「証券化」についても規制緩和を進めると同時に、長期にわたって景気対策として住宅ローン拡大を促進する政策をとってきた。すでに指摘したように最初の証券化（ＲＭＢＳ）は政府機関と「政府支援企業（ＧＳＥ）」によって始められた（七五〜七六頁）。一九八二年、住宅ローン返済について、最初の返済だけを低率にすることが法的に容認された（これがサブプライム住宅ローンで活用される）。

八六年には各種利子の所得控除が廃止されたさい、住宅ローン利子だけは控除継続の優遇措置がとられ、住宅ローン二戸分に適用となった。この優遇措置は住宅ローンを借り入れ、それよりも金利の高いクレジットローン返済を行うことをも促進し、住宅ローン需要拡大に大きく貢献した。そして二〇〇一年以降には米国政府は景気対策の柱を住宅ローン拡大に置いていくのである。

米国政府の景気対策=住宅ローン拡大政策、金利の大幅切下げ

米国政府は二〇〇一年、ITバブル崩壊に対し、住宅需要拡大を柱とする大胆な景気対策を打ち出し、金利の大胆な引下げ・超金融緩和政策をとった。これはその直後の〇一年九月同時多発テロによって倍加された。FRBは政策誘導目標とするFF金利を二〇〇一年の一月はじめから〇一年中に実に一一回も引き下げ、六・五%から一気に一・七五%へと引き下げた。さらに〇三年六月には一・〇%としこれを一年もの間続けた。また公定歩合（FRBの民間銀行への資金貸出の利率）もほぼ同じように引き下げられた。FF金利は〇四年末にようやく二%になり、〇五年一一月に五%台になる（図4）。このため、住宅ローン（三〇年間固定住宅ローン）金利平均は、〇三年には〇〇年より二%以上低下し、過去三〇年間の最低五・八%となり、この低金利がその後の住宅ローン拡大・住宅価格高騰のもとでもかなりの間維持された（図1）。FF金利の大幅引下げ・超金融緩和とその継続は、住宅ローン金利引下げを生み、住宅ローン（供給=需要）を拡大するうえにきわめて重要な役割を果たした。

このもとで大手CDO組成金融機関、GSE二社は、CDO・RMBSをつうじた住宅ローン供給を一挙に拡大していこうとし、これまで住宅ローン貸付をほとんど行ってこなかったサブプライム層への住宅ローン供給を積極的に拡大させ、サブプライム住宅ローン債権の証券化を急激に拡大していった。

ここで注意したいのは、大手証券組成金融機関がRMBS・CDOをつうじて住宅ローン供給を膨大化していくことによって、金利引下げによって拡大する住宅ローン（借入れ）需要に対し住宅ローン借入れを実現させていくことである。同時にCDO、RMBSの発展についての期待が膨らみCDO、RMBSの購入（投資）需要も膨張し、CDO・RMBSの膨大化、住宅ローン借入れの膨大化、証券投資の膨大化がともに順調に進み、これらが住宅価格上昇を倍加し、いっそうの順調な進展を促すことになる。したがって住宅ローン借入れ・持ち家住宅の収得・保有は、すでに第四章で見たCDOの抱える特徴・問題点と結合し、さらに第六章で見る金融取引拡大と結合し、それらの動向によって大きく動かされていくのである。

「ホームエクイティローン」による住宅ローン需要拡大

一般的に、住宅価格の上昇傾向が明らかになると、上昇しないうちに住宅を取得しようという需要、またキャピタルゲインを期待する住宅需要が拡大していく傾向があるが、さらにそのうえ米国には、住宅価格上昇・住宅資産価値増大が住宅ローン需要拡大を促進・強化する制度があった。このため、住宅価格上昇傾向が明らかになると、住宅価格上昇→住宅需要拡大→住宅価格上昇→という相互促進的展開が強く進むことになる。

まず米国には米国独特の「ホームエクイティローン（Home Equity Loan）」制度がある。これは、住宅資産価格の時価から住宅ローン借入残高を差し引いた「純資産価値」＝エクイティを担保にして、消費者ローン枠を与えるものである。このローンは不動産が担保なので、無担保の消費者金融よりも低利である。したがって住宅価格上昇により住宅資産価値が増大すればするだけ、住宅ローンの借り手は、住宅資産を売却しないまま、消費者ローンを拡大することができる。これらは一般に自動車、大型家具、住宅改修等の大型支出に向けられたが、このローンを増大できることが住宅ローン需要を促進した。ホームエクイティローンの総額は一九九〇年代後半以降増加し始め、二〇〇三年以降増加を強め、〇八年三月の融資残高は実に八八〇〇億ドル（約九四兆円）にのぼり、〇二年からわずか数年間で約三倍となった(3)。なお、このホームエクイティローンの返済を引当てにして、ローン債権（資産）担保証券（ABS）が発行されている。

さらにまた、住宅ローン「借換え」のさいに、住宅資産価値上昇分に見合うだけ借入額を増大し、「キャッシュアウト（現金化）」できる「キャッシュアウト・リファイナンス」制がある。住宅ローン金利低下、住宅資産価値上昇のもとでこれを利用した住宅ローン借換えが激増した(4)。これは借金＝住宅債務の増大ではあるが、これが住宅リホーム等の支払いや、住宅ローンよりも金利の高いクレジットカード債務の返済にあてられ、住宅ローン返済が困難なときはその返済にあてられた。

郵便はがき

恐縮ですが切手をお貼りください

112-0005

東京都文京区
水道二丁目一番一号

勁 草 書 房
愛読者カード係行

（弊社へのご意見・ご要望などお知らせください）

・本カードをお送りいただいた方に「総合図書目録」をお送りいたします。
・HPを開いております。ご利用ください。http://www.keisoshobo.co.jp
・裏面の「書籍注文書」を弊社刊行図書のご注文にご利用ください。より早く、確実にご指定の書店でお求めいただけます。
・代金引換えの宅配便でお届けする方法もございます。代金は現品と引換えにお支払いください。送料は全国一律300円（ただし書籍代金の合計額（税込）が1,500円以上で無料）になります。別途手数料が一回のご注文につき一律200円かかります（2005年7月改訂）。

愛読者カード

55062-3　C3033

本書名　世界的金融危機の構図

りがな
お名前　　　　　　　　　　　　　　　　　　　　（　　　歳）

ご職業

ご住所　〒　　　　　　　　　　　　お電話（　　　）　　－

本書を何でお知りになりましたか

書店店頭（　　　　　　　書店）／新聞広告（　　　　　　　新聞）

目録、書評、チラシ、HP、その他（　　　　　　　　　　　　　）

本書についてご意見・ご感想をお聞かせください。なお、一部をHPをはじめ広告媒体に掲載させていただくことがございます。ご了承ください。

◇書籍注文書◇

最寄りご指定書店

市　　町（区）

書店

（書名）	¥	（　　）	部
（書名）	¥	（　　）	部
（書名）	¥	（　　）	部
（書名）	¥	（　　）	部

ご記入いただいた個人情報につきましては、弊社からお客様へのご案内以外には使用いたしません。詳しくは弊社HPのプライバシーポリシーをご覧ください。

さらに米国では住宅ローン利子に限って所得控除を受けられる優遇措置があった。

米国独特のこれら制度は、住宅ローン借り手の借金をさらに膨らませる措置によって住宅ローン需要の拡大（新しい借り手の拡大）を促し、それをつうじて住宅価格上昇を維持する役割を果たすものといえる。これとともに、実体経済への需要を拡大するうえでも大きな役割を果たすのであった。

米国では、住宅価格上昇は、株価上昇が所得拡大による消費を拡大する資産効果よりもはるかに大きな景気刺激効果をもつといわれているが、これは以上のような関連によるものである。

「土地付き住宅」の価格上昇の特殊性

米国では住宅ローンは「土地付き一戸建て住宅」であり、住宅ローン拡大は再生産できない土地需要拡大を含んでいるので、「土地付き住宅」価格の上昇が継続し続けたのである(5)。土地が一般商品のように再生産することができれば、投機的買付けで価格上昇が続いても、生産が拡大し、生産・流通期間を経て供給が増大することによって価格上昇は反転する。しかし土地や株式のように実体経済で再生産できないものでは、価格が上昇しても供給が増大しないので、需要拡大・価格上昇が期待されると、価格上昇差益（投機的収益）を求める投機的買付けが活発化し価格上昇を倍加する。

土地の価格上昇・需要拡大は、宅地化の可能な土地に対する需要の拡大、新しい土地の供給を促す。理論的には、住宅用土地＝宅地では、価格上昇傾向のもとで宅地化が可能な土地に対する需要の拡大とその取引価格上昇が促され、土地所有者は価格をできるだけ吊り上げて販売しようとし、この土地所有者がどの水準の価格での販売に応じるかによって土地価格の上昇が左右される。米国の各地において、新しい住宅用土地がいかに取引されるかによって、拡大していく「土地付き住宅」価格は規定される。また購入者が直接宅地造成や住宅建設を行うか、それら業者に転売するかはともかく、「土地付き住宅」価格の全般的上昇傾向のもとでは、造成・建設業者は可能な限り利潤を拡大できる価格で販売しようとする。多くの場合、暗黙の協調を含め、なんらかの協調的な価格吊上げが行われているであろうと推測される。

米国の住宅ローンの住宅建造物の多くは短期で完成する建材組立て建設であるので、建設資材の生産・建造を行う会社は需要の持続的拡大・価格上昇が続けば、かなり早期にその生産拡大・供給拡大を行うため、価格上昇は抑制される。住宅価格上昇傾向のもとでも住宅在庫はかなり存在しており、建築資材の価格は上昇していない。住宅建造物は土地の上に建造され、土地と一体化した資産として売買されるので、土地価格の持続的な上昇を含む「土地付き住宅価格」が上昇しているが、これらの内容については米国での住宅用土地の売買、価格についての統計資料がないので、今後の研究で補いたい。

第二節　住宅資産価値膨張は「虚」の膨張、幻想が幻想を呼ぶ連鎖

住宅資産価値膨張・キャピタルゲイン増大は「虚」の膨張

ところで以上の「住宅価格」＝「土地付き住宅価格」の上昇による住宅資産価値の膨張・キャピタルゲインの膨張は、理論的にみれば、実体経済とは関係のない、金融取引それ自体によって生まれた「価値物ではない虚」の膨張である。「土地付き住宅」としての利便性・有効性はなんら変わらないにもかかわらず、金融取引膨張によって住宅価格が上昇し住宅資産価値・キャピタルゲインが増大したのである。ここでの膨張した住宅資産価値は、金融取引需要が保持されるという条件のもとでのみ保たれる「虚の資産価値」であり、金融的取引需要が膨張することによって膨らむ「虚の資産価値」にすぎない。

この金融取引膨張による「土地付き住宅」価格の上昇は、土地が再生産できないものであり、「土地付き住宅」は新しい土地の供給拡大によってはじめて拡大されるという特徴によって支えられ、強化されている。

したがって将来金融取引需要が縮小し住宅価格が下落に転じれば、「虚の資産価値」の減少、キャピタルロスは不可避なのである。

しかしながら、住宅価格上昇によって住宅資産価値の膨張・キャピタルゲインが膨張していくも

とで、いつまでも住宅価格が上昇し、いつまでも住宅資産価値が膨張していくという期待・幻想が膨らみ、この期待・幻想によって住宅需要が膨張していくと、それによって住宅価格上昇が支えられ、住宅資産価値膨張が進む……ことになる。しかも米国では、住宅資産を売却しないで、「虚の資産価値」の膨張分で自動車等の購入やローン返済のできる制度が作り上げられ、これによって住宅ローン需要拡大が促され　いっそうの住宅価格上昇と「虚の資産価値」の膨張が助長されたのである。

そしてこのような将来への期待・幻想によって「虚の資産価値」が膨らみ、いっそうの期待・幻想が膨らんでいくことによって、実態が見えなくなってしまうのである。住宅価格の上昇は、新期購入者にとっては同じ内容の「土地付き住宅」を以前よりも高い価格で購入しなければならなくなり負債（借金）が増大することを意味する。住宅価格が所得を上回って高騰していくことは、新規住宅ローン借入れによる家計の負債比率の上昇を意味する。さらにまたホームエクイティローン、キャッシュアウト・リファイナンス制は家計の負債（借金）を増大させるものに他ならない。しかし住宅ローンの借り手はたとえ負債（借金）が増大しても、いつまでも住宅価格上昇が続き、住宅資産価値が膨張を続けることによって借金の返済、借金の先送りが可能であるという期待・幻想をもち、租税負担軽減によって負債は軽減されるという期待・幻想をもっていたのである。

だが住宅価格上昇傾向が反転し住宅価格が低下していけば、住宅資産価値は減少し、（減少した）住宅資産価値よりも多額の負債（借金）を返済しなければならないこと、ホームエクイティローンは消失してその借金返済だけが残り、家計は負債比率の上昇あるいは債務超過に陥っていることが、誰の目にも明らかになる。ここではじめて住宅資産価値膨張が「虚の資産価値」であり、「虚」のキャピタルゲインが消失してしまいキャピタルロスが生じたことが明らかになるのである。

期待・幻想が期待・幻想を呼ぶ連鎖

ところで、以上の期待・幻想の膨らみは、住宅ローン借入れが、大手金融機関による住宅ローン債権の「証券化」・その「再証券化」（RMBS・CDO）とRMBS・CDOの投資家による購入＝投資によって実現されるもとでは、それ固有の連鎖をもって大膨張していくのである。

期待・幻想の大膨張の起動力は、大手組成金融機関による投機的金融活動である。大手金融機関は、住宅価格上昇傾向のもとで、住宅価格上昇が続くという期待・幻想をもってRMBS、CDOを大量に組成・発行し、住宅価格上昇が続くという期待・幻想を煽り、CDOではリスク問題は「解決」されたという「神話」を普及させていったのである。そのもとで投資家は将来の証券評価価値膨張への期待によって証券購入（投資）を拡大し、住宅ローン借り手はいつまでも住宅価格上昇・住宅資産価値膨張が続くという期待・幻想をもって住宅を購入していったのである。そしてこうしたことが住宅価格上昇を支え、加速し、これが期待・幻想の膨張を支え、加速していくのである。住宅価格上昇がいつまでも続くという期待・幻想、CDO・RMBSの投資需要がいつまでも続くという期待・幻想、住宅資産価値膨張がいつまでも続くという期待・幻想が膨れ上がり、これら期待・幻想が相互に促進し「期待・幻想が期待・幻想を呼ぶ連鎖」が生み出されていくのである。

ここでの住宅ローンをめぐって展開する事態は、たんなる銀行による長期住宅ローン貸付のもとで、住宅価格上昇と住宅需要拡大とが相互促進したというものでは決してない。たんなる土地それ自体、住宅（土地付き一戸建て住宅）それ自体をめぐって（資産）価格上昇と投機的買付けとが相互促進し住宅価格高騰が続くというバブルとは異なるのである。一般には二〇〇〇年代の事態を〝住宅バブル〟と呼ぶことが少なくないが、この呼び名は誤解を招くものである（五七〜五八頁）。住宅ローンが証券化、再証券化によって、以上のような期待・幻想を呼ぶ連鎖のもとで、膨大化していったからこそ、どこかで期待・幻想を破るものが現れると、それを契機として一挙に崩れていくことにもなるのであるが、この詳しい内容は第六章以下で明らかにする。

図１　米国の住宅価格と住宅ローン金利の推移

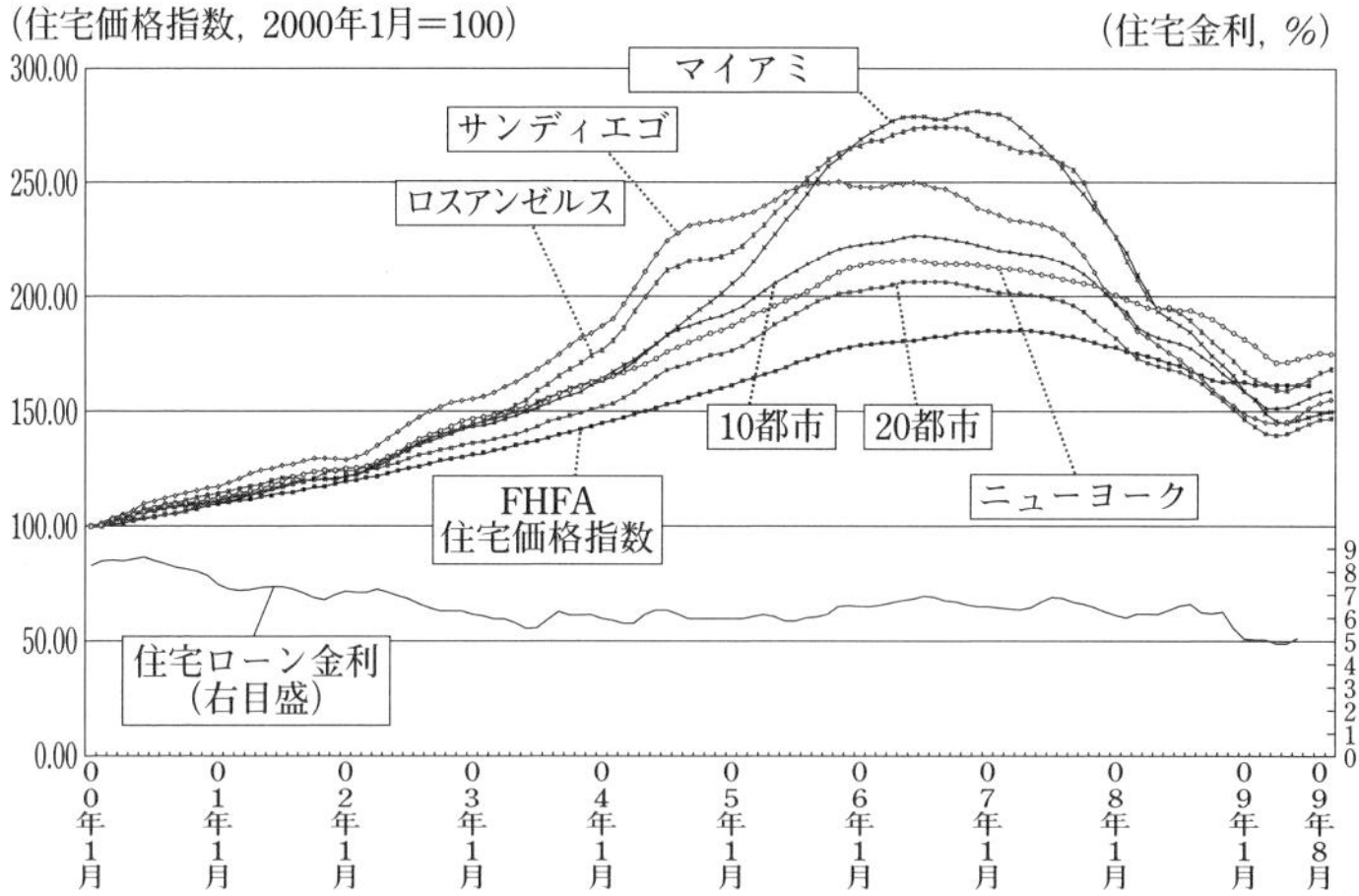

資料出所：FHFA 以外はすべてケース・シラー住宅価格指数，Standard & Poor's, S & P / Case-Shiller Home Price Indices（月ごとデータ）。
FHFA（連邦住宅金融局）住宅価格指数は，FHFA, House Prices Indexes（四半期データを加工した）。
住宅ローン金利（30 年固定金利）は FHFA, Terms on Coonventional Single Family Mortages Fixed-Rate 30-year, NonJumbo Loans.

注 1）米国住宅価格統計は、本文で指摘している（97 頁）とおり、土地付き 1 戸建て住宅の価格である。

注 2）米国ではケース・シラー住宅価格指数だけが毎月の指数で、その他は四半期である。

注 3）ケース・シラー指数の 10 都市は、ボストン、シカゴ、デンバー、ラスベガス、ロスアンゼルス、マイアミ、ニューヨーク、サンディエゴ、サンフランシスコ、ワシントン DC。
20 都市は上の 10 都市にアトランタ、シャーロット、クリーブランド、ダラス、デトロイト、ミネアポリス、フェニックス、ポートランド、シアトル、タンパを加えたもの。
図 1 ではこのうち住宅価格上昇率が高く注目された都市と、ニューヨークを選んだ。

注 4）米国住宅ローンでは 30 年ローンが多いので、金利は 30 年固定金利を選んだ。これは 2009 年 7 月までである。

第六章　金融取引の重層的拡大の諸連鎖

第六章の課題は、膨大化するCDO・RMBSをめぐって、新しい巨大な投機的金融取引（市場）が創出され「金融取引の重層的拡大の諸連鎖」が構築されたこと、この巨大金融取引は新しいリスクを生み出すので「金融取引の重層的拡大の諸連鎖」はいわば「リスクの重層的累積の諸連鎖」の構築でもあること、を解明することである。この巨大な投機的金融取引もすべて米国金融機関が開発し驚異的に普及させていったので、本章でも米国が考察の対象となる。

なおこの新しい金融取引は、証券化（CDO・RMBS）の爆発的普及が軸となってそれをめぐる金融取引として生み出されたのであるから、「金融取引の重層的拡大の諸連鎖」の基軸は、CDO・RMBSの膨張の連鎖である。ただしこれはすでに第四章・第五章で明らかにしてきたので、第六章ではこれを省略する。したがって「金融取引の重層的拡大の諸連鎖」と「リスクの重層的累積の諸連鎖」については第四章・第五章をあわせて理解されたい。

あらかじめ次の諸点を注意しておきたい。

第一は、新しい金融取引の膨大化が、CDO・RMBSとは関係のない分野をも巻き込んで、進展したことである。大手金融機関、SIV、モノライン、保険会社は、CDO・RMBS等の資産を担保とするABCPの発行、CDO等の金融保証（保険）を膨大化するさい、それ以外の資産担保ABCP、それ以外の一般保険業務を行っており、それ以外の業務をも巻き込んで金融取引の膨大化、金融収益の膨大化・金融機関の成長を推進していったのである。このため新しい金融取引の重層的拡大はその拡がりを膨張させたのであるが、しかしこのことは、CDO等におけるリスク、リスク発現（損失）を、CDOとは関係のない広範な領域をも巻き込んで拡張させていくことを意味する。

第二は、ここでは、僅かの元手でそれをはるかに上回る金融取引を行うレバレッジ手法（第三章第三節）がますます拡がり、レバレッジ率がますます高くなっていったことである。本章第二節で見るCDSは金融保証のデリバティブであるが、これはレバレッジを異常ともいえる高さにしていったし、このCDSによる高いレバレッジのシンセティックCDOも急速に拡大していった。この非常に高いレバレッジ取引は僅かの損失でも一挙に資金不足に陥る危険性を抱えるものである。一般に取扱い証券のリスク発現（債務不履行、価格低下・販売困難）によって損失が拡大すると、相手に対して現金差し出し、清算を行う契約があるので、これが資金調達のための資産売却を余儀なくし、資金不足・支払い不能を惹起する引き金となる。しかし金融取引が全般的に順調に進むもとでは、レバレッジはきわめて高い収益を生むものであるため、順調な金融取引の進展のもとで、ますますその率を高め、普及していったのである。

このレバレッジ取引はオフバランス（簿外取引）であり、情報公開は無く、金融当局の監督もほとんど受けないため、その実態は把握できないままであった。

第一節　SIVによるCDO運用資金の調達＝ABCP市場の大膨張

SIVによるCDO運用とABCP拡大

大手組成金融機関は本体ないし関連組織が組成するCDO・RMBS・ABSを自分のバランスシートから切り離すために、傘下にオフバランスの「SIV（Structured Investment Vehicle, 証券化商品の運用事業体、一般的訳語はない）」と呼ばれる事業体を設立し、CDO等の保有・販売をこれに委ねる。これによって大手組成金融機関はCDO・RMBS・ABSのリスクをSIVに移転すると同時に、BIS規制で義務付けられた自己資本比率の向上をはかることができる。

SIVはこれら証券を担保にして「資産担保コマーシャルペーパー（ABCP、Asset-Backed Commercial Paper）を発行し、大量の低金利の短期資金を調達してCDO・RMBS・ABSへの投資を行う。SIVはABCP発行で調達する短期資金によって長期証券に対する投資を行うのであるから、たえずABCPの再発行により借入金の借換え（ロールオーバー）をする必要がある。こうして僅かの資金しかもたないSIVがきわめて高いレバレッジで膨大なCDO等に対する投資を行い、膨大な収益を獲得するのである。CDO等の保有・販売による収益からABCPの金利（プラス費用）を控除した剰余がSIVの収益となる。SIVの収益はCDO等への需要拡大・価格上昇のもとで膨張する。その収益の一部が大手組成機関の収益となる。CDO・RMBS・ABSの流通・販売が順調である限り、ABCPの借換え＝ロールオーバーは容易に行われ、SIV・大手組成金融機関は膨大な収益を獲得することができる。

大手組成金融機関はSIVに対して、ABCPが支払い不能に陥ったさいにはABCP保有者に対し支払いを保証する「バックアップライン」（保証枠）を与える。この保証がABCPの流通を支えている。これは大手組成金融機関が間接的に証券のリスクを抱えることを意味するが、証券運用が順調なときには問題にならずに忘れられている。

なお投資銀行は本体でCDO等を担保とするABCPを発行し資金調達をはかることもあるし、ヘッジファンドもCDOやその他資産を担保にABCPを発行するが、ここでは主体の差は問わない。

CP（コマーシャルペーパー）は本来信用力のある企業が短期資金調達のために発行する無担保の約束手形であるのに対し、ABCPはリスクを抱えたCDO・RMBS・ABSを担保とするCPであり、本来のCPとは質の異なるものである。

SIVの発行するABCPがそれ特有のリスクを抱えていることは、一部のCDO・RMBS等で評価価値低下・販売困難が生じたもとで明らかになる。SIVはABCPの金利高騰・(再)発行困難、借入金のロールオーバー不能によって一挙に資金不足に陥り、資金獲得のためにCDO等の売却に走り、CDO価格下落・販売不能、ABCP市場の一挙縮小・混乱を惹起していく。SIVは情報公開の必要もほとんど無く当局の監督も免れていたので、大手組成金融機関がかかるSIVを利用した結果、CDO・RMBS・ABSの組成・保有・販売の実態、これら証券価格の動向は把握できないようになっていた。

ABCPは米国で一九八〇年代はじめ、短期金銭債権を担保に始まったが、以上のように、CDO・RMBS・ABSを担保とするABCPが大膨張し、この大膨張とともにこれら以外の金融取引のためのABCP発行も急増していった。ヘッジファンドも積極的にCDOはじめ各種資産を担保とするABCP発行を拡大していった。

米国ABCPの市場規模は二〇〇六年ピーク時で一兆二〇〇〇億ドル（一三〇兆円）となり、企業の短期資金のためのCPの規模を上回った。西欧諸国でも米国より遅れて、同じようなSIVによるABCPが急激な拡大を遂げた。

ファニーメイとフレディマックでは債券発行

米国GSEのファニーメイとフレディマックは住宅ローンだけに限って、住宅ローン債権を購入しその証券化（RMBS）を行い、RMBSの元利支払いの保証を与えている。

両社は大量の住宅ローン債権を購入・組成したRMBS債券の多数を保有して収益をあげるために、「GSE債」と呼ばれる巨額の債券を発行して資金を調達した。ファニーメイとフレディマックは民間会社であるが、「GSE（政府支援企業）」と呼ばれ、とくに外国では政府の暗黙の保証があると受け取られていたため、GSE債は国外に広く販売されたのである。

GSE債市場は膨大化し、二〇〇八年六月末（経営破綻直前）、外国の公的機関・民間が保有するGSE債は一兆五〇〇〇億ドル（約一六五兆円）を超えていた。また米国の個人用住宅ローン残高約一〇・六兆ドルのうち両社関連のものが五・二兆ドル（四九・一％）にものぼっている。（米国政府が両社を救済する原因といわれている。）

両社は巨大金融機関であるが、預金業務も資金貸付業務も行わないので、銀行のような自己資本比率維持の必要はなかった。[1] 両社は僅かの自己資本で、きわめて高いレバレッジでRMBS業務を行い、急激な発展を遂げてきたのである。

このように両社の急激な発展はきわめて高いレバレッジでの危険を抱えていたが、しかし住宅価格上昇が続きCDO・RMBSが膨張を続けるもとではすべてが順調であった。

この両社がいかに巨大なリスクを累増し、いかに高いレバリッジできわめて少ない自己資本しかない危険な経営であったかは、両社の経営破綻によってはじめて明らかとなり、世界中に大きな衝撃を与えることになる。

第二節　金融保証──モノラインとCDS

CDO等の証券化商品の膨大化とともに、そのリスク回避・債務保証を行う「モノライン」、「クレジット・デフォルト・スワップ（CDS、Credit Default Swap）」（一般的訳語はない）という巨大規模の金融取引が爆発的に拡大し、これらは投機的金融取引の重層的拡大の連鎖を生み出し強化していった。だがこれらはリスク回避のためのものといわれながら、リスクをかえって拡大し新しいさまざまなリスクを生み出し、リスク累増の危険な連鎖を膨らませていくことになる。

モノライン

「モノライン」は、自動車、火災などの各種保険を扱う「マルチライン」に対し、CDO等の金融関係の保険のみを扱う「モノライン（単一事業）」という意味で、金融保証（保険）会社と呼ばれる。モノライン会社は最初、安全性の高い地方債の保険から出発したが、RMBS、ABS、さらにCDOが普及したのに対応してこれら証券化商品の保険に乗り出し、急激な発展を遂げた。

モノライン会社は債券やCDO・RMBS・ABSの発行体、あるいは運用機関からそのリスク（債務不履行）を引き受け、リスクが発現した場合に損失を肩代わりすることにして、保険料を受け取る。モノライン会社は高い格付けを受けた会社であることが前提となっている。かかるモノライン会社による保証を受けることは、CDO・RMBS・ABSの信用を高めそれら証券の格付けを高めた。したがってモノラインによってCDO等に対する投資需要が急増し、これがモノライン需要を激増させるという、相互促進的拡大の関連にあった。モノライン会社はほとんどの場合、契約と同時に別の保険会社に保険を委託する再保険契約を結び、保険料受取りと再保険料支払いとの差額を自分の収益とする。

CDO等をめぐるモノラインの大膨張、モノライン会社の躍進とともに、リスク回避が急速に浸透していき、CDO等の証券化商品以外の公共債、社債等においても保険業務の需要が急速に拡大し、モノライン取引全体が膨張していくことになる。

モノライン会社は、次に見るCDSの開発・普及とともに、CDSを用いて保証（保険）を行っていくので、二〇〇〇年代以降は次のCDSの「売り手」となる。一般にその後もモノライン会社・〝モノライン危機〟と呼ばれているが、モノライン会社がCDS「売り手」となっていることを注意する必要がある。

CDSの仕組み

米国では金融工学にもとづいて「クレジット・デフォルト・スワップ（CDS）」と呼ばれる金融債務保証のデリバティブが開発され、二〇〇一年から急増しとくに〇五年以降激増した。あらかじめその規模の激増ぶりを示すと、CDS業界団体のISDA資料では、世界のCDS取引総額

図2　CDSの推移（世界）

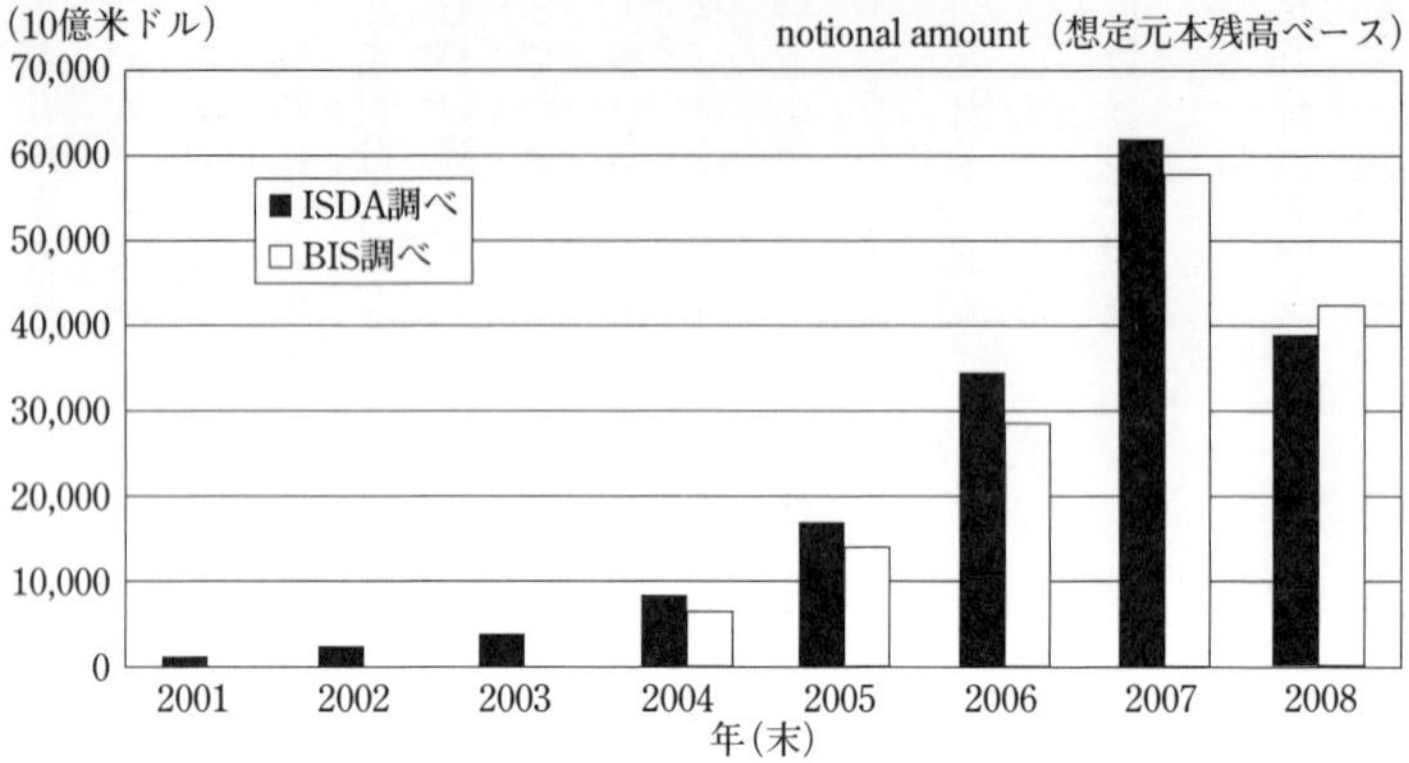

資料出所：ISDA（International Swaps and Derivatives Association, 国際スワップ・デリバティブズ協会）
BIS（Bank for International Settlements, 国際決済銀行）ただし2004年以降しかない。

（「想定元本」残高ベース）は〇一年度九一八八億ドルから、〇四年度には八兆四二二二億ドルとなり、〇七年度にはわずか数年で実に六二兆一七三二億ドル（約六八〇〇兆円強）へと激増している（図2）。（ただし「想定元本」は、売り手が同時に買い手となっているので、統計では多く表示される。）

　このCDSはきわめて複雑な手法であるうえ、その後いっそう複雑で多様な仕組みが次々と生み出され、金融保険から離れた内容のものも拡がっているが、ここではもっとも単純なCDSを取り上げ、理論的にCDSの仕組みと基本的特徴を明らかにする。

　CDS商品の基本的取引関係を示すと、まずCDSの「買い手」は、債務不履行のリスクを回避しようとするもの——社債保有者や、RMBS・CDO等の発行体や運用機関である。C

DSの「売り手」はリスクを引き受けるもので、モノライン、一般保険会社、金融機関、ヘッジファンドである。

たとえば「買い手」は一〇〇万ドルの社債やCDO等について債務不履行のリスクを移転するため、リスクが発生したさいに一〇〇万ドルを受け取る権利＝「プロテクション」を購入し、対価として年々〇・五％の保証料＝プレミアムを五〇〇〇ドル支払う。「売り手」はリスクが実際に発現した場合に損失一〇〇万ドルを「買い手」に対して支払うが、リスクが発生しない限り保証料を受け取るのみである。（リスクが発生し「売り手」が一〇〇万ドルを支払うさい、「売り手」は「買い手」から価値の毀損した社債や証券化商品を受け取り、その所有者となる。）

このCDS取引ではリスクだけが「買い手」から「売り手」に移転するのであり、このリスク移転の対価として五〇〇〇ドルの保証料が授受されるのである。CDSが「クレジットリスクの売買」だといわれるのはこのためである。

CDSの保証料率はCDSスプレッドと呼ばれ、社債、CDO等のリスク発生の見通しによって決められる。リスク発生の見通しが高ければ高率で、その見通しが高くなれば高騰する。金融工学にもとづく計算で、CDSスプレッドが決定され、たえずその変更が行われる。

CDSでは保証料支払いは半年ないし一年ごとで、契約期間の長さはさまざまであるが、大体三〜五年といわれている。

CDSにおいては各種のCDO・RMBS等のリスク評価が非常に重要な役割を果たしており、

これは金融工学にもとづいて行われるが、このような金融工学にもとづくリスク評価の限界・誤りはすでに指摘したとおりである（九〇〜九三頁）。

ＣＤＳ「売り手」は、多くの場合このリスクを回避・移転するためにさらに別の売り手からＣＤＳを購入し保証料を支払うので、「売り手」と「買い手」は複雑に交錯していくことになる。

ＣＤＳの基本的特徴

ＣＤＳの基本的特徴は、ＣＤＳ取引ではリスクだけが「買い手」から「売り手」に移転し、実際に取引されるのは保証料五〇〇〇ドルだけであって、リスク発生のさいに受け取るはるかに巨額な「プロテクション」一〇〇万ドルは現実には存在しないということである。「想定元本」と呼ばれるこの「プロテクション」は「架空」（バーチャル）なもので実在しないのであるが、この「架空」の「想定元本」すべてがあたかも実在するかのように「想定」され、これを基準にして保証料が決定され、ＣＤＳが（再）売買されるのである。

ＣＤＯ・ＲＭＢＳ・ＡＢＳや社債等が順調に取引され続けているもとでは、「想定元本」は忘れられたまま保証料だけが授受されている。そのような順調な状態が続くもとでは、ＣＤＳは「売り手」にとっては僅かばかりの資金で非常に高いレバレッジによって膨大な収益を獲得できるきわめて有利な仕組みである。

一方保証料を払うＣＤＳの買い手の側は、保証料を支払うが、リスクを移転することによってＣ

DOや社債等の信用を高め格付けを高めてそれらに対する投資需要を大幅に拡大できるので有効性があった。組成金融機関はCDO・RMBS・ABSについてCDSを買い、これをリスク移転・リスク減少の費用として証券価値（算定）に算入する。

こうしてCDO・RMBS・ABSや社債等がいつまでも順調に拡大を続けいくという予想＝幻想をもって、CDO売り手は異常な高さのレバレッジでCDS取引の膨大化・保証料収入の膨大化を推し進め、買い手はリスクを移転したCDO等の組成・販売を膨大化していったのである。

しかしながら、CDO・RMBS等のリスクの発現が予想以上の規模で生じると、売り手に対し、保証料をはるかに上回る巨額の「プロテクション」（想定元本）が一挙に現実に支払うべきものとして現れる。実在しない「架空」なものが、突如として実際に支払うべきものとして現れるのである。そして売り手は、実際の支払いに迫られてはじめて、支払うべきものが存在しないことに直面することになる。（「想定元本」が「架空」であるということは、土地や株価の資産価値膨張が「虚」であるということ（一〇五〜一〇六頁）とは内容が異なる。）

なお「想定元本」が実在しない「架空」であることは、次に見るCDSによるシンセティックCDO組成においてきわめて明瞭に現れる。

CDSは以上のようにリスクとその保証料だけが取引されるデリバティブ商品であるので、バランス表には記載されないオフバランス（簿外取引）で情報開示の義務もない。米国の一般保険業に対する規制もCDS取引には適用されず、公的監督も免れていた。このため、CDSはいわば野放しであり、新しい利益拡大の新しいCDS商品が相次いで開発され、リスク保証から逸脱したCDSも生み出されていくのである。(しかし情報開示が行われないため分析のための詳しい資料は入手できなかった。)

以上の基本的特徴から次のような諸問題が生み出された。

CDSによる新しい巨大リスクの発生

CDSはリスク回避のために開発されたものでありながら、CDSによって、これまで存在しなかった巨大なリスクが生み出されていった。

① まず第一は、CDO・RMBS等の証券化商品では、債務不履行のリスクがある時期に集中的に発現し、巨額の「プロテクション」支払い(損失肩代わり)が一挙に必要となる事態が生じる可能性がかなり高いということである。それは決して偶然に生じるのではない。証券化商品におけるリスク発現は、生命保険における死亡に対する保険金支払い発生とは質が異なるのである。たとえば景気が安定し住宅価格が上昇傾向にあるもとではいずれのCDO・RMBSも順調な進展を遂げリスク発現は例外的である。しかし反対に景気悪化で失業拡大・所得削減が進んだり住宅価格の下落傾向が進むと、住宅ローン返済遅延・返済不能によるCDO・RMBSの債務不履行のリスクもその価格低下・販売不能のリスクもかなりの率で実際に現れる。したがって売り手の「プロテクション」支払い＝損失肩代わりが集中的に現れる可能性が高い。しかもCDOでは一部でのリスク

発現＝損失が多くののリスク発現＝損失を誘発していく「売りが売りを呼ぶ」連鎖がある（九四～九五頁）ことが、ＣＤＳにおいて「プロテクション」支払い＝損失肩代わりが集中的に生じる危険性を高めているのである。

売り手は、現金の差し出し、清算に迫られ、保有資産の売却、資金借入れを余儀なくされ、資金不足による経営悪化に陥っていく。

売り手の経営悪化をもたらすこのようなリスクは、ＣＤＯ・ＲＭＢＳ組成のみでは存在しなかったＣＤＳ固有のリスクである。

② 第二のさらに巨大なリスクは、第一と関連して、ＣＤＳ売り手である大手モノライン、一般保険会社、金融機関、ヘッジファンドが経営危機・破綻に陥り、これら売り手が債務不履行を行うというリスクである。リスクを保証するはずのＣＤＳ売り手が債務不履行を起こすというリスクであり、買い手にとっては将来プロテクションを受け取る権利が消失してしまうリスクである。一般にはカウンターパーティ・リスク（取引相手によって生じるリスク）と呼ばれている。

これらの保険会社、金融機関、ヘッジファンドは、ＣＤＯ等の債務保証とはまったく関係のない各種の金融取引を行っているので、この経営破綻による債務不履行はきわめて多くの分野に及ぶのである。とくに大手保険会社は各種の巨大な保険業務を世界的規模で展開しているので、その経営破綻は世界中にはかりしれない損害をもたらすことになる。このことは、世界最大の米国保険会社であるＡＩＧ（American International Group）の経営破綻で明らかになった。

第二のリスクもまたこれまでには存在しなかった、CDS固有のリスクであり、CDSが新たに生み出した深刻なリスクである。先に指摘したように売り手の損失肩代わりが集中的に生じる第一のリスク発現の可能性が高いことは、第二の売り手側の経営危機・倒産のリスクが実際に生じる可能性もかなりあるということを意味している。

リスクの高い資産・証券の証券化の促進、リスクの拡大

このような金融保証の全般的普及は、証券化の組成においてリスクの不安を除去し、リスクの高い資産・証券を組成することを格段と助長していった。本来、CDOではリスクの分散・移転をつうじてリスク問題を「解決」したという安心（神話）があったが、CDSでの金融保証を受けることでリスク問題は確実に「解決」したということになったからである。

それればかりではない。CDSの普及は、売り手がよりリスクの高い危険な債券や証券化商品に対してリスクを保証してより高い保証金を得ようとする傾向を助長する。他方、買い手はリスクの高い資産・証券等を証券化してもCDSの保証によって格上げができるので、リスクの高いものを組成する傾向を強める。

こうしてCDSによって、リスクの高い証券化商品が金融市場に持ち込まれていくことになる。

金融保証目的からの逸脱

さらにまたＣＤＳが僅かの元手で高いレバレッジにより膨大な収益獲得を狙える仕組みであることから、ＣＤＳは金融保証目的から逸脱し、収益拡大追求を求めるようになっていった。

右のリスクの高い金融保証の取引が活発化することもその一つであるが、それだけではない。ＣＤＳではリスク回避・リスク肩代わりから離れて、元手無しで金融収益を獲得することのみを求めるＣＤＳが次々と開発され急激に拡大していった。これらは、ＣＤＳが僅かな元手できわめて高いレバレッジによって膨大な収益を獲得できる仕組みであることを応用して開発されていったのである。

たとえば、まず売り手が保証料目当てにさまざまな企業や証券化商品等を対象にしたＣＤＳを売り出し、買い手はこれらの企業や証券化商品等のリスク発生・損失支払いを期待してＣＤＳを買い保証料を払うＣＤＳがある。このリスクをめぐるＣＤＳ取引では、リスク取引の対象となる企業、証券の発行体は関与していない。この企業の倒産によってリスクが実際に生じても、損失の支払いはＣＤＳの買い手に対して行われる。このＣＤＳ取引は、これら企業、証券等のリスク発生に対する「賭け」である。数十あるいは百を超える企業・証券を束にしたＣＤＳなど、複雑な「賭け」も現れている。ＣＤＳの種類は数えられないくらい多いといわれている。これらがＣＤＳ取引で比重を高めれば、ＣＤＳ市場には高いリスクのものが拡がり、売り手の巨大損失という①第一のリスク、売り手の倒産による②第二のリスクが発生し、各種金融機関への衝撃・金融市場の混乱を生み出す可能性は格段と高まることになる。

第三節　CDSによるシンセティックCDO

米国では二〇〇〇年代、以上のCDSを組成した「シンセティックCDO（Synthetic CDO）」が急激に拡がっていった。Syntheticは人工的に異なる「原子」から本来のものではない、擬似的なものを作り出すという意味である。「合成CDO」と訳されることが多いが、「合成」はシンセティックCDOはCDSとCDOとを「合成」したものだという意味でも用いられているので、「合成」という訳は不適切である。本書では、本来とは異なるものから作り出された擬似的なCDOという意味で「シンセティックCDO」を用い、S-CDOと略する。

S-CDOではきわめて複雑で多様なものが次々と生まれているが、ここではもっとも単純で標準的なS-CDOの仕組みを取り上げ、その基本的特質と問題を明らかにする。

シンセティックCDOの仕組み

第三章で見た本来のCDOでは大手組成金融機関がRMBS・ABSの原証券を集めて、それらを混ぜ合わせてリスクを分散・移転して新しいCDOを組成する。RMBS・ABSの原証券が再証券化されるのである。

これに対し、S-CDOでは、RMBS・ABSはそのままで、そのリスクだけがCDSを用いて移転される。RMBS・ABSの組成機関、傘下運用機関がそのリスクの回避・移転を求めてCDSの買い手となって保証料を支払い、大手組成金融機関（傘下機関）がCDSの売り手としてリスク発生のさいの保証を引き受けて保証料を受け取る。CDS売り手は、夥しい数のCDSの買い手から受け取る保証料を引き当てにして、CDOの手法を使ってS-CDOを組成し販売するのである。CDSの売り手が同時にS-CDOの組成機関となるのである。

組成されるものは債券・証券の種類もリスク見通しも異なり、保証料率も異なっている。組成金融機関はリスク・保証料率の異なる大量のCDSを集めて、これらを本来のCDOと同じように混ぜ合わせ、格付けしたいくつかのトランシェに分け「優先劣後」とし、いくつかのS-CDOを組成して投資家に相対取引で販売するのである。組成金融機関は損失支払いプールをもっているが、CDSのリスク発生がこれを超過する場合には、「優先劣後」で、S-CDOのもっとも低い格付けのものから収益支払い・償還を中止する。次の資産運用のリスクが発生した場合も同様である。

この組成では大量の各種CDSのリスクの評価がきわめて重要な役割を果たすが、金融工学にもとづいて行われるリスク評価については、すでに指摘したとおりである。

シンセティックCDOの基本的特徴と問題点

以上のS-CDOが、第三章で見た本来のCDOと大きく異なるのは、組成金融機関は本来のC

DOのように原証券のRMBS・ABSを購入する必要がないことである。それゆえ組成金融機関はS-CDO販売によって投資家から受け取った巨額の代金をそのまま自分で保有し、償還までのあいだ（五年間前後）運用して金融収益を獲得し、償還のさいの償還元本とするのである。この資金は償還元本であるので運用は高格付けの債券・証券に限定されており、資金運用収益は保証料に加えて投資家に配分される「建て前」であるが、確証されているわけではない。

ともあれ、組成金融機関はS-CDO販売によって獲得した巨額の資金を保有し運用するのである。CDSの取引では保証料（プレミアム）だけが取引され、損失を保証するプロテクション・「想定元本」は実在しない「架空」のものであるという、すでに指摘したCDSの基本的特徴が、S-CDOにおいてはこのような形で明瞭に現れているのである。「シンセティック（擬似的）」CDOでは、原資産、原証券を購入していないにもかかわらず、リスク発生のさいの原資産、原証券の損失支払いを保証することによって、原資産、原証券を「シンセティック（擬似的）」に取得したことになっているといえる。

したがってS-CDOは、すでに強調したCDS固有の深刻なリスクをもっているうえさらに、組成機関の膨大な資金運用において債務不履行のリスクを含むことになっている。このリスクも、S-CDO組成によって新たに生み出されたリスクであって、本来のCDS組成では存在しなかったリスクである。

以上、S-CDOが僅かの元手できわめて高いレバレッジにより巨額の収益を獲得できる非常に

有利な仕組みであることが明らかであろう。二〇〇二年頃からS-CDOが驚異的に伸びていった。(2)

第四節　金融機関の役割

大手投資銀行、大手商業銀行

「実体経済から独立した投機的金融活動」の担い手は最初の一九八〇年代はヘッジファンドであった(六二〜六五頁)が、「証券化」・「証券の証券化」が進むもとで、CDOを組成できたる巨大な資金力・組織力・金融技術をもった米国の僅かの巨大な投資銀行および商業銀行とそれらの傘下金融機関がその主要な担い手となっていく。ヘッジファンドはこの大手組成金融機関の傘下組織として、また独立して、きわめて積極的な活動を展開し、とくにCDSではきわめて重要な役割を果たす。

米国では大恐慌後に「グラス＝スティーガル法(GS法)」で銀行業務と証券業務が明確に分離されたため、投資銀行は有価証券の新規発行の引受け・仲介と助言を中心業務としてきたが、金融自由化の進む一九八〇年代に、企業の買収・合併の仲介を始めるとともに、さらに有利な分野である住宅ローン債権の証券化に乗り出し、とくに九〇年代中葉以降は「証券の証券化」・CDO組成を爆発的に拡大させる中心となって怒濤のごとき躍進を遂げた。二〇〇〇年代にはCDOの膨大化と新しいCDS取引の膨大化によってさらに金融収益を膨大化していった。投資銀行は預金業務を行わないので、本体またはSIV等の傘下組織によって、高いレバレッジでCDO・RMBS・ABSの組成・保有・販売等を行い収益率を高めた。投資銀行では、銀行のような金融当局による監督やBISの自己資本比率規制も免れていたため、非常に少ない自己資本で、きわめて高いレバレッジが可能であった。しかも〇四年八月、大手投資銀行には有利な自己資本ルールの変更があった(3)ので、レバレッジはいっそう高められた。こうして投資銀行は中心業務をかつてのような安全な有価証券の発行・仲介業務から、リスクのある証券化商品の組成・保有・販売業務へと急速に移すことによって驚異的発展を実現していく。

投資銀行の資産総額は一九八五年を一〇〇として二〇〇七年には二〇倍に急増し、この間の商業銀行の四・七倍よりもはるかに高い。「米国大統領経済諮問委員会報告（二〇〇九年）」は大手投資銀行が金融危機以前には約二五倍のレバレッジであり、一〇〇ドルのうち九六ドルが借入れによる調達資金で僅か四ドルだけが自己資本であったとその「脆弱」な経営体質を批判的に指摘している。(4)このことはCDO等のリスクが発現した場合、一挙に資金不足、経営悪化に陥る危険を意味するものである。

他方、銀行（商業銀行）はGS法の規制緩和のもとで、傘下組織によって証券化業務を徐々に拡大していたが、一九九九年GLB法（Gramm-Leach-Bliley Act）によって銀行と証券の兼業禁止の廃止、金融持株会社の容認が行われた後は、投資銀行に遅れたCDOの組成業務を急激に拡大するため、傘下に各種の機関、ヘッジファンドを置いてCDO組成・販売を総合的に行うようになる。(5)

二〇〇一年以降の米国政府の景気対策、ＦＦ金利の大幅引下げ・金融緩和のもとでは、商業銀行、投資銀行は激しい競争を展開し、ＣＤＯ、ＣＤＳ取引の新たな対象、よりリスクの高い対象の取込み、内容の改良等を競い合い、熱狂的拡大によって金融取引の重層的拡大の連鎖を拡げていったのである。ここでは程度や組織内業務分担の差はあれ、大手金融機関はきわめて高いレバレッジで取引を拡大していたが、経営者たちは、高いレバレッジでリスクのある金融取引を膨大化することにほとんど不安をもたなかった。すべてが、いつまでもこの金融取引の拡大・金融収益の増大が続くという期待・幻想をもち、期待・幻想の膨張と金融取引・金融収益の膨張が相互促進していくのである。

これは第七章末尾で大手金融機関の経営危機・経営破綻を取り上げるさい、再度言及する。

米国の投資銀行、商業銀行

米国では1929年大恐慌後、33年の「グラス＝スティーガル法（Glass-Steagall Act, GS法）」によって銀行業務と証券業務とが分離された。GS法は法律全体を指す場合と、分離の4つの条文のみを指す場合がある。（規制緩和以降には、多くは後者を指す。）80年代以降、規制緩和によりこの分離は緩和され、99年「グラム＝リーチ＝ブライリー法（Gramm-Leach-Bliley Act, GLB法）による金融持株会社容認で、分離は撤廃される。

GS法のもとで投資銀行（investment bank）の業務の中心は有価証券の新規発行の引受・仲介、およびこれらや企業の合併・買収等にかんする助言業務で、これら手数料が収益であった。しかし金融自由化＝規制緩和のもとで、新しい証券化商品の業務に乗り出し、CDOの爆発的拡大の主要な担い手となり、急激な発展を遂げる。

投資銀行は預金業務を行わず、預金形態の貸付（信用創造）も行わない。BIS規制もFRBの監督も受けず、米証券取引委員会のもとで自己資本比率規制も緩やかであった。きわめて高いレバレッジで自己資本をはるかに上回る金融取引を行い、CDS取引も拡大してきた。「米大統領経済諮問委員会報告09年」は金融危機の前、大手投資銀行のレバレッジは約25倍にのぼるという。

世界的金融危機で相次いで経営破綻に陥り、08年9月に米国大手投資銀行はすべて消滅する（図3)。

商業銀行（commercial bank）は伝統的な預金業務・貸付業務を行ってきた。自己資本比率についてのBIS規制を受け、FRBの監督下にある。だがGS法の緩和・GLB法とともに、業務は急速に変化する。投資銀行に遅れをとったCDO分野での勢力拡大をはかり、2000年代には、低金利・金融緩和のもとで、商業銀行・投資銀行の激しい競争が展開する。

世界的金融危機で商業銀行も巨額の損失を出し、最大手シティグループは経営危機に陥り、政府によって救済を受ける。

第七章　巨大損失を誘発・膨張させる諸連鎖

第七章の課題は、これまでの分析にもとづいて、累積されてきた巨大リスクが次々と発現し、巨大損失を一挙に世界的に拡大していくマイナスの諸連鎖＝下降の諸連鎖を明らかにすることである。第六章の「金融取引の重層的拡大の諸連鎖」と本章を合わせて「世界的金融危機を惹起する諸連鎖」を解明することになる。

本章の課題は、現実の展開を踏まえ、主要な諸連鎖の内容をできるだけ理論的に明らかにすることであって、世界的金融危機の現状分析ではない。ただし必要な限りで関連する事実を指摘する。

あらかじめ全体に共通する次の諸点を注意しておく。

第一は、ＣＤＯ固有の売り急ぎと価格下落・販売不能の連鎖が軸となって、マイナスの諸連鎖＝下降の諸連鎖が発動されることである。このことはＣＤＯ・ＲＭＢＳの爆発的拡大が軸となって、巨大金融取引の重層的拡大の連鎖が生み出されたこと（第六章）と表裏一体の関係である。

したがって本章の分析では、ＣＤＯ固有のリスク発現の一挙拡大の連鎖を軸に据え、主要ないくつかの巨大リスクの発現（損失）の一挙拡大の連鎖（マイナスの連鎖）を解明していく必要がある。

第二は、ＣＤＯを軸とする巨大損失拡大の諸連鎖において、ＣＤＯ・ＲＭＢＳとは関係のない各種の金融取引をも損失拡大と混乱の渦に巻き込んでいくことである。ＣＤＯの価格下落から始まるＡＢＣＰ市場の混乱・大収縮、ＣＤＳ取引で生じる損失は、ＣＤＯやＣＤＳとはなんら関係のない多くの分野にわたって損失を一挙に拡げていき、金融市場全体の機能麻痺を惹起していく。このこともまた、ＣＤＯ・ＲＭＢＳを軸とする巨大金融取引の膨大化が、これらとはまったく関係のない膨大な各種の分野をも巻き込んで進んでいったこと（第六章）と対応している。

第三は、非常に拡がった高いレバレッジでの経営は、金融取引が順調である限りは問題もなく高収益をもたらすが、ひとたびＣＤＯ等のリスク発現（損失）が生じると、一挙に経営を危機に陥れる危険を孕むということである。たとえばＣＤＯの保有・運用機関やＣＤＳの売り手は、ＣＤＯ等の評価価値低下・価格低下が進むと、契約によって（さまざまな形をつうじ）「現金の差し出し」、さらには清算を迫られ、僅かの自己資本しかない各種金融機関、ＳＩＶ、保険会社、ヘッジファンドは一挙に資金不足に陥り、保有資産売却、支払い不能に追い込まれるのである。

これまでの繁栄を支えてきた異常に高いレバレッジが、一転して巨大金融機関の経営危機・破綻を促迫していくものとなるのである。

第一節　ＣＤＯのリスク発現、ＳＩＶ・ヘッジファンド・ＡＢＣＰの危機

ＣＤＯでリスク発現が一挙に拡がる理由

ＣＤＯでは、個々のＣＤＯに含まれる原証券の内容もリスクもまったくわからなくなっているので、ひとたび住宅価格上昇が低下に転じ、たとえばサブプライムローン焦付きが増加し、一部のＣＤＯで評価価値低下や価格低下・販売困難の不安が現れると、すべてのＣＤＯが――サブプライムローンとは無縁のＣＤＯまでもが疑わしくなり、疑心暗鬼に陥ったＣＤＯ保有者はＣＤＯを売り急ぐことになる。

すでに指摘したように、ＣＤＯの販売は曖昧な相対取引であり、株式のようなオープンな売買市場・売買価格が存在しないため、ＣＤＯ保有者は販売の不安から安い処分価格でも売り急ごうとする。このようにＣＤＯでは、ひとたび一部のＣＤＯに不安・動揺が生じると、投げ売りと価格下落・販売不能との連鎖が一気に現れ、これが急速に多くのＣＤＯに拡がっていくのである。ＣＤＯ特有の「売りが売りを呼ぶ」連鎖である。

ＣＤＯの不安・動揺は、住宅価格の低下が進むもとで住宅ローン返済遅延・返済不能が増大することによって惹起されるが、しかし、投機的金融活動が実体経済から独立して膨張していったもとでは、たとえ住宅価格の反転・低下が進むだけであってもローン返済不能の予想、それをめぐるＣ

DO評価価値低下・価格下落の予想から、CDOの不安・動揺が生じ「売りが売りを呼ぶ連鎖」が作動することは充分ありうる。

しかも格付会社による格下げがこのCDOの価格低下・販売困難を格段と倍加していく。CDOの不安・価格下落が始まると、格付会社はただちにCDOの格付けを下げるので、このことがCDOの信用を失墜させ、価格下落・販売難を加速していく。次に見るCDO価格低下・販売困難によるモノライン会社等の経営悪化に対しても格付会社によるモノライン会社の格下げが、CDO価格低下・販売不能を一気に加速する役割を果たす。CDOのリスクを評価・格付けしてきた格付会社が、実際のリスク発現に慌てて格下げを行い、CDO価格低下・販売困難を加速するのである。今回、米国格付会社による格下げへの非難が高まっている。

しかし筆者によれば、本来CDOの格付けは将来における販売困難の生じるリスクをほとんど評価していない、評価できないのであるから、慌てて格下げを行うのはその当然ともいえる結果である。

SIVの危機とABCPの危機——CDOの投げ売り、大手銀行の巨額損失

さらにまたCDOの価格低下・販売困難はただちにSIVの経営悪化・経営危機を生み出し、SIV経営危機とCDOの価格低下・販売困難とが相互促進するマイナスの連鎖が作動していく。

大手組成金融機関の傘下のSIVは、CDO・RMBS・ABS等を担保にしてABCPを発行

して短期資金を調達し、ABCPの再発行・借入金のロールオーバー（借換え）によって長期のCDO等への投資を行っているので、CDOの価格下落・格下げが進むと、それらを担保とするABCPの再発行は困難となり、ABCPの再発行による借入金のロールオーバーが不可能になり、SIVは一挙に資金不足に陥っていく。SIVはきわめて高いレバレッジでABCPの資金調達に全面的に依存してきたため、この資金不足を穴埋めするために保有しているCDO・RMBS・ABS等を安い「処分価格」で処分することを余儀なくされる。このようにCDO価格下落・販売困難は、SIVによる投げ売りとCDO等の価格下落・販売困難との連鎖をつうじて、ABCP市場の一挙収縮、SIVの資金不足・経営危機を惹起していくのである。同じようにABCPを発行してきたヘッジファンドも同様の状態の経営危機に陥り、これがこのマイナスの連鎖を膨張させるのである。

しかもSIVとヘッジファンドはCDOのハイリスク・ハイリターンのエクイティ部分を大量に保有しており、このエクイティ部分は「優先劣後」で最初に収益支払い不能・元本償還不能となり、早期に販売不能となるので、SIVとヘッジファンドの損失は倍加される。

以上は、膨大な長期CDO・RMBS・ABS投資を可能としてきたきわめて高いレバレッジ取引が一挙に瓦解していく姿である。

以上の危機発生は、CDO・RMBS・ABSを担保とするABCPだけではなく、その他の資産を担保とするABCP全般にわたって不安と動揺を拡大し、投資家はABCP投資から逃避し、

ABCP市場の流動性逼迫、機能麻痺が促されていく。さらにまたこれによって、一般CP市場にも不安・動揺が拡がり、資金の逃避が拡がっていく。

米国ABCP市場はCP（コマーシャルペーパー）市場の半分近くを占めていたが、ABCP残高は二〇〇七年八月上旬の一兆一八〇〇億ドルから同一二月下旬には七五〇〇億ドルに縮小した。

以上のようなSIVの経営危機・破綻は、SIVの親会社である大手証券組成金融機関に対し巨額の損失を与えていく。SIVの親会社の大手組成金融機関はABCPの「バックアップライン」保証を行うために巨額の資金が必要となるうえ、SIVの経営危機・破綻によって出資元・融資元として巨大損失を蒙る。傘下のSIVが破綻すると大手金融機関（関連機関）が組成したCDO・RMBS・ABSの多くが価格暴落する危険が生じるため、大手金融機関は暴落を防ぐためにSIV保有証券を引き取らざるをえなくなる。

大手金融機関は、組成したCDO・RMBS・ABSを自分のバランスシートから切り離し、そのリスクを移転させるために、傘下SIVを利用したのであるが、移転したはずのリスクがSIVの経営危機によって大爆発し、自分自身に巨額の損失を与えることになり、その毀損した証券を抱え込むことになるのである。

二〇〇七年、サブプライムローン焦付き問題が表面化した直後の一〇月一五日、米国最大手銀行のシティグループ、バンク・オブ・アメリカ、JPモルガン・チェースが緊急対策として共同で「特別基金（M-LEC、Master Liquidity Enhancement Conduit）」の設立を発表し、国内外に資金協力を広く呼びかけた。この特別基金の目的は、SIVの保有するCDO・RMBS等を買い取ってCDO・RMBSの投げ売り・価格暴落を阻止することにあった。大手銀行が素早く特別基金設立に取り組んだことは、SIVとABCPの危機が大手銀行の損失を膨大化する非常に危険なものであることを示している。財務省・FRBは基金創設を大歓迎していたが、しかし米国および外国の金融機関の協力が得られず、○七年年末基金設立の断念が公表された。

各銀行が自分で対処することになるが、しかし結局は、後に見るようにFRBが銀行支援のために基金を設置して買取りを行うことになるのである。

ヘッジファンドの閉鎖・解散、CDO等の投げ売り

ヘッジファンドは以上のような損失拡大と資金不足に陥るうえ、出資者からのファンド解約の殺到に直面する。ヘッジファンドは富裕層や機関投資家から巨額の資金を預かって高収益で運用することを請け負う私的な投資運用集団であるので、CDO等の損失、格下げが明らかになると、ファンドの解約が殺到し、解約金を支払うために、保有CDOや証券化商品・債券の投げ売りを余儀なくされる。経営危機のうえに解約拡大によりヘッジファンドの閉鎖・解散が相次ぐことになる。ヘッジファンドは、CDO・RMBS・ABSを購入・運用する重要な投資集団であるとともにその

他の多様な投機的活動を行っているので、その閉鎖・解散は証券化商品市場だけではなく、その他のさまざまな市場にも大打撃を与えていく。

また大手投資銀行、大手銀行はヘッジファンドの買収・合併や新設により傘下に複数のヘッジファンドを置いているので、ヘッジファンドの危機は親会社の大手金融機関に巨額の損失を与えていく。事実、米国でもヨーロッパでもサブプライムローン問題が表面化するきっかけは、大手銀行が、サブプライムローン関連投資の失敗から経営危機に陥った傘下のヘッジファンドに対し、資金支援や凍結を公表したことであった。

住宅価格下落・住宅ローン縮小とCDOの下落・縮小との連鎖

以上のように、住宅価格の上昇傾向が低下へと反転すると、CDOの価格下落・販売困難、CDOとRMBSの発行難＝住宅ローン（供給）市場の一挙収縮が生じ[1]、これが住宅価格のいっそうの低下を促していくのである。同時に住宅価格低下は住宅資産価値減少、ホームエクイティローンやキャッシュアウト・リファイナンスの消失をつうじて、住宅ローン返済不能を促し、住宅ローン需要の縮小と住宅価格低下を加速していく。こうして住宅価格低下がCDO・RMBSの価格下落・発行難と住宅ローン返済不能・住宅ローン需要縮小と相互促進しあいつつ住宅価格低下を倍加していくというマイナスの連鎖が作動するのである。住宅価格の上昇傾向に支えられてCDO・RMBSの膨大化と住宅ローン拡大とが相互促進し住宅価格上昇を持続させていくという連鎖（第五章）

が逆転し、急速なマイナスの下降の連鎖となるのである。

またCDOの価格下落・販売困難が拡がるもとで、CDOに組み込まれていた自動車ローン、カードローン、各種クレジット関係のABS（資産担保証券）も価格低下・販売困難に陥っていく。これは、住宅資産価値縮小による自動車ローン、クレジットローン等の支払い遅延・支払い不能の拡大とあいまって、これらのABSの発行機関の経営悪化・破綻を惹起していく。

家計の債務増大と消費の冷え込み

住宅価格上昇のもとで住宅ローン借入れが膨大化していく過程で、米国の家計では住宅ローン、ホームエクイティローン等によって債務がいちじるしく増大し、債務比率（債務が可処分所得に占める比率）は急上昇していった。住宅ローン借り手は、住宅価格上昇・住宅資産価値膨張によって増大する債務は解消されると期待していたのであるが、いまやその期待は破られ、借り手には住宅資産価値縮小と、いちじるしく膨張した債務、家計の債務超過だけが残ったのである。すでに指摘したようにホームエクイティローン残高は八八〇〇億ドル（約九四兆円）にものぼっていた（一〇二頁）。これがいまや自分の勤労所得によって返済しなければならない負債となったのである。このことは消費を圧迫し、失業急増と所得の低迷とともに個人消費の冷え込みを深化させ、右の住宅価格低下をめぐる下降の連鎖を倍加するものとなる。

米国の家計（全体）の債務は住宅ローン借入れ拡大を中心に二〇〇〇年代に急速に増大

し、家計の債務が可処分所得に占める比率は、〇七年には僅か八年のあいだで四〇％もの上昇を示し一四〇％という高さになった。住宅ローン借り手の家計では、この家計債務の比率はこれよりもさらに高いと推測される。こうした債務増大をつうじて消費拡大が進んでいたのであるが、米国の個人消費支出は〇七年末以降減少に転じ、〇八年六月以降大幅な減少を始めている。とくに自動車、家具への支出減少が顕著で、ホームエクイティローン消失が影響していると推測されている。

ファニーメイとフレディマックにおける危機の発現

米国のGSE（政府支援企業）のファニーメイとフレディマックでは、危機は、以上とは異なる形で爆発する。

もちろん住宅価格の低下の進行、住宅ローン借り手の返済遅延・返済不能は、これら両社のRMBSの評価価値を下落させる。だがここでは、サブプライムローンの比率は相対的に低く、RMBSには元利支払いの保証が付けられているうえ、両社はかなりのRMBSを自分で保有している。しかもこれら二社のRMBS、GSE債は政府が暗黙に保証しているものと信用されていた。

このため住宅価格低下、住宅ローン債務不履行が進んでも、すでに見たCDO・RMBS・ABSの価格下落と保有者の投げ売りの相互促進という形での危険の爆発は抑制され、繰り延べされている。

したがって両社では、住宅価格低下、住宅ローン債務不履行増大は、両社の保有資産の価値低下、経営悪化、乏しかった自己資本の大幅減少、RMBSの保証困難、GSE債の発行困難から、一挙に深刻な資金不足による経営危機・経営破綻という形で危機が爆発するのである。両社の経営不安が噂され株価は下落していたとはいえ、二〇〇八年七月一三日、米国政府が両社への緊急支援を突如公表したことで危機がはじめて明らかになり、世界が一大衝撃を受けることになるのである。

なお米国では政府機関の連邦住宅局（FHA、Federal Housing Administration）が主に低所得層向け住宅ローンの債務不履行のさいの債務保証を行っていたが、政府は〇八年八月この公的資金による債務保証枠を三〇〇〇億ドル（約三二兆円）に引き上げ両社の支援にあてることにしたが、両社の経営危機は改善されず、九月七日、政府はこれらを政府管理下に置く（一六〇～一六一頁）。

米国政府による膨大な公的資金投入によって住宅価格下落がなんとか抑制され、先の下降の連鎖の発動が緩和されてきたのである。

第二節　〝モノライン危機〟、〝CDS危機〟

〝モノライン危機〟

一般には二〇〇七年末～〇八年はじめのモノライン会社の相次ぐ経営危機・破綻を〝モノライン

危機〟と呼んでいるが、モノライン会社はCDO等の保証はCDSで行っているので、その内容は次に見るCDS売り手の経営危機・破綻といってよい。

モノライン会社は、保証を引き受けたCDO等において債務不履行や価格低下が生じると、「再保険料」の急騰により保険料受取り額よりも再保険料支払い額が上回り赤字が拡大するうえ、保険金支払いが急増していき、経営悪化に陥る。

しかもCDOの価値低下、モノライン会社の経営悪化が生じると、格付会社がモノライン会社自体の格付けを引き下げる。モノライン会社では、経営悪化により自社の格付けが引き下げられると、保証を確実にするために「現金差し出し」を行う取決めがあるので、赤字と資金不足が倍加される。

このモノライン会社の経営悪化と格下げはCDO等に深刻な打撃を与える。これまで高い格付けのモノライン会社の信用に支えられて、モノライン会社の保証するCDO等の格付けが高められていたのであるから、モノライン会社自体が格下げされると、その保証で高い格付けを得ていたCDO等が格下げされていき、CDO価格低下・販売困難が一挙に進んでいく。こうしてモノライン会社の経営悪化とCDO等の価格低下・販売困難が相互促進することになる。

それればかりではない。モノライン会社の格下げによって、保証してきた地方債や国内外の各種証券等、CDO等の証券化商品とはまったく関係のないものまでもが格下げされていくので、地方債等の発行体やその保有金融機関に多大の損失を与えることになる。

〇八年一月一八日、格付会社フィッチ・レーティングスは大手モノラインのアムバック・ファイナンシャル・グループの格下げを発表、次いでアムバックの保証を受けていた証券化商品および地方債を大量に格下げした。その後大手モノライン会社の経営悪化と格下げが相次いだ。

このような経営危機は多くのモノライン会社全体に拡がっていき、それらが保証するすべてのCDO等の証券化商品、さらにはCDOとは関係のない地方債その他をも巻き込んで、それらの大幅格下げと保証不履行という損失を与えていく。〝モノライン危機〟と呼ばれるゆえんである。

〝CDS危機〟、巨額損失拡大の連鎖

第六章で明らかにしたように、CDSは深刻なリスクを生み出す基本的特徴をもっているが、金融取引が順調に進むもとではリスクは発現しないままCDS取引はきわめて有利な手段として爆発的に普及していったのである。

しかし、ひとたびCDO・RMBS等の販売価格下落・販売困難が拡がると、CDS売り手であるモノライン、保険会社、金融機関、ヘッジファンドでは、債務不履行のさいの「プロテクション」支払い（損失肩代わり）が急増する（一二二頁の①のリスク）。CDSではリスクだけが売買され、「想定元本」は「架空」で実在していない。売り手は買い手からの保証料（「プレミアム」）を受け取り巨額の収益を獲得するが、一部プール金以外は、高額所得支給と業務拡大に用いてきたので、すでに売り手の経営は、僅かのプロテクションの支払い発生でも支払い困難の状況にあった。した

がってここでは、相次いで、プロテクション支払い・損失肩代わりが発生すると、CDS売り手は一挙に資金不足・支払い困難に陥るのである。

このCDSでは、一般的に売り手は保証したCDO等の価格低下がある程度進むと買い手に対し現金を差し出す契約があるため、売り手は資金調達のために借入れと保有資産の売却（投げ売り）に迫られ、経営悪化が深まる。さらに完全な債務不履行によるプロテクション支払いに迫られ、借入れと保有資産売却（投げ売り）に奔走する。

CDOの価格低下・販売困難から生じたCDS売り手の資金不足、CDO等の資産売却（投げ売り）が、CDO等の価格低落を加速するという連鎖は、すでに見たSIV経営危機と同じである。

世界最大の米国保険会社AIGの破綻について、「米国大統領経済諮問委員会年次報告（二〇〇九年）」は、AIGがCDS契約でRMBSの価格低下にともなって現金差し出しの義務があったが、それがきわめて巨額のためAIGが流動性危機に陥ったと述べている。(2)このことがAIG破綻の原因とは思わないが、しかし、AIGがRMBSの価格低下に対し現金差し出しのための現金を保有していなかったため、支払い不能に陥ったというこの指摘は、CDSでは「想定元本」は「架空」で実在せず、売り手はプロテクションの支払いが現実化することを考慮していなかったことを表すものとして注目される。

さらにまた売り手の一般保険会社、モノライン、金融機関、ヘッジファンド等が経営破綻することによる巨大リスク（一二三頁の②のリスク）が発現する。〝カウンターパーティ・リスク〟と呼ばれるもので、買い手のプロテクションを受ける権利は消失していく。

CDS売り手の大手モノライン会社・大手保険会社は、CDO・RMBS等のリスクの保証だけではなく、米国内外の多くの公共債、社債の保証、さらにその他のあらゆる分野の保険業務を行っているので、その経営危機・破綻は、これら国内外の多くの相手に対しても膨大な損失を惹起していくことになる。米国政府によれば、政府が膨大な公的資金を注入してAIGを救済し政府管理のもとに置いたのは、この影響が米国内外にわたってあまりにも巨大であったためという。

しかもCDSでは、CDSの売り手は、自分の債務を保証してもらうために別の売り手のCDSを買って保証料を支払うので、CDSの売り手と買い手は錯綜しており、リスク売買は広範に絡まって拡がり、リスクは複雑に移転され広範に拡がっていく。

したがって、ある売り手の会社の倒産は、直接、間接に、CDS取引を行っている多くの金融機関に損失と資金不足・経営悪化を拡げていくことになる。「損失が損失を呼び」、「倒産が倒産を呼ぶ」連鎖である。こうしたもとで、CDSの保証料（CDSスプレッド）の高騰、CDSの契約破棄も進み、CDS市場の一挙収縮が加速されるのである。

同様に、CDSにもとづいたシンセティックCDOでは、価格下落・販売不能が生じると、巨額のプロテクション支払いが突如として必要になるので、その損失拡大が損失拡大を呼ぶ連鎖は、一般CDOをめぐる損失拡大の連鎖よりもはるかに大規模なものとなる。

さらにまたCDSでは、売り手が保証料目当てにさまざまな企業や証券化商品、債券を多数束ねて（当該企業や発行体と連絡なしに）CDSを仕立てて売り出し、買い手はそのリスク発生＝損失支払いを目当てに保証料を払うという〃賭け〃ともいえるCDSが普及している。したがってCDS危機はCDS取引に直接かかわらなかった多くの企業や発行体をも巻き込んでいくことになる。

CDOではそれぞれのCDOの原証券もリスクの所在もわからなくなっているため、一部のCDOで価値低下・販売困難が生じると多くのCDO保有者が疑心暗鬼に陥り投げ売りに走ることになったが、これに比べてCDSでは、売り手・買い手が錯綜している関係のもとで、CDS売買相手も、リスク移転先の関連も、自分の抱えるリスクもさらにいっそうわからなくなってしまい、リスクが実際に発現し実際に売り手・買い手の損失が現れた後に、事後的にリスクの存在がわかることが少なくない。二〇〇八年三月のベア・スターンズの経営破綻、とくに九月のリーマン・ブラザーズやAIGの破綻で、〃CDS危機〃が突如として表面化し、世界を震撼させていったゆえんである。

第三節　大手金融機関の経営危機の特質と特異性

大手金融機関の経営危機・経営破綻の特質

損失拡大のいくつもの連鎖が作動するもとで、大手投資銀行、大手商業銀行、保険会社、ヘッジファンドが次々と経営危機・経営破綻に陥っていく。

ここで注目されることは、今回の大手金融機関の経営危機が史上はじめての内容のものだということである。これらの破綻は実体経済のための貸付が実体経済の悪化によって返済不能となった結果ではない。

「実体経済から独立した投機的金融活動」が「金融取引の重層的拡大の連鎖」を構築し、そこで累積されたリスクの発現（損失）によって損失を誘発・拡大する諸連鎖が作動していった結果である。しかもここでは非常に高いレバレッジのもとでの金融取引が膨張していたため、あるCDO、CDSの評価価値下落、販売価格下落・販売不能が進み、現金差し出し、清算が迫られることによって、資金調達のためのCDO等の投げ売り（CDO等の販売価格下落促進）、支払い不足に陥っていくのである。

投資銀行ベア・スターンズの経営破綻（救済）、投資銀行リーマン・ブラザーズの経営破綻、保険会社AIGの経営破綻（救済）、商業銀行最大手のシティグループの経営危機（救済）において共通しているのは、それらが膨大なCDOの保有・運用、膨大なCDS取引をきわめて高いレバレッジで行っており、CDO等の販売価格・販売下落やプロテクション支払いによって、一気に資金不足に陥り、資産投げ売りを余儀なくされ、支払い不能から経営危機に陥っていったことである。

これらにおいては、レバレッジ取引が一挙に不可能となり、銀行がレバレッジ依存度を引き下げる、というより引き下げざるをえない「レバレッジ外し（deleveraging）」が進んだ。米国政府は、二〇〇八年一〇月「緊急経済安定化法」で設定した公的資金による金融機関の不良資産買取り枠

図３　米国の商業銀行、投資銀行の推移（順位は2007年度末の資産規模）

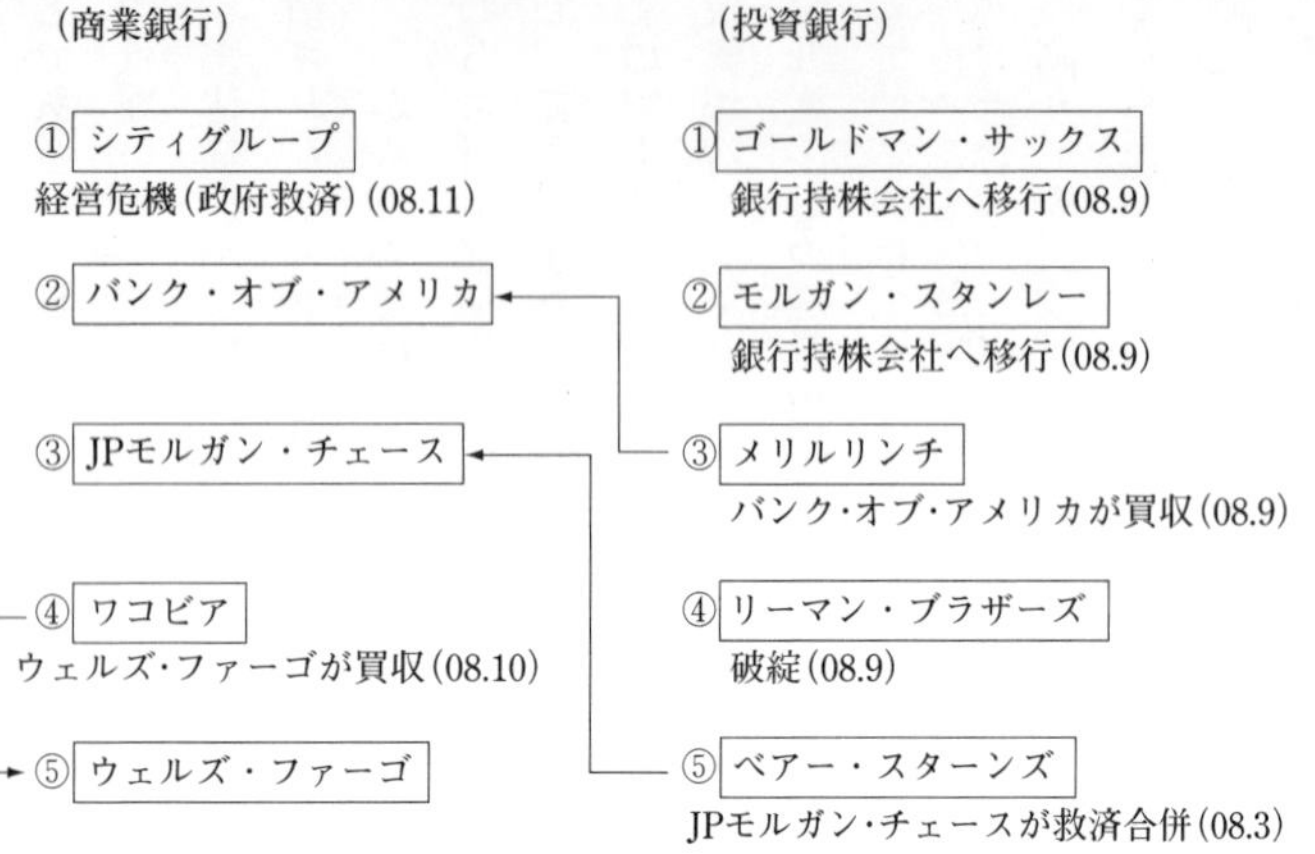

（ＴＡＲＰ）を使って、大手九金融機関への公定資金注入を行い、用途が違うと非難されたが、これはレバレッジ崩壊で資金不足に陥った大手銀行に対する緊急資金供給であった。

大手金融機関の経営危機・経営破綻の特異性

大手金融機関の経営危機・経営破綻に共通して見られることは、経営者たちがこのような経営危機の不安・警戒をまったくもたないで、リスクのある金融取引を異常なままでに拡大し、二〇〇七年七月にサブプライム住宅ローン問題が火を噴いた後も、経営危機に陥る直前まで、自社の経営危機の切迫を把握できないまま対策もとっていないということである。信じられないような実態である。

ここには本書で再三指摘してきた、金融工学にもとづくＣＤＯ、ＣＤＳの「原理」と、それに即して強行されてきた投機的金融活動の基本的特徴が、如実に現れている。

すでに見てきたように、金融工学にもとづくCDO、CDSの「原理」はすべて、順調な推移を大前提としたもとでのリスクの「解決」であり、リスク回避なのである。したがって実際に順調な推移が続き、リスク発現（損失）が部分的で「想定された範囲内」であれば、そのかぎりで、リスクは処理されたのである（九三〜九五頁）。実際に順調な推移が続いてさえいれば、リスク発現（損失）が「売急ぎ」を迫るようなことはないし、CDSでプロテクション支払いに迫られることもなかったのである。

大手金融機関経営者はこの「原理」（「神話」）を信じ、いつまでも順調な推移が続くという期待・幻想をもって、一九九〇年代中葉以降、新たに開発されたCDOを爆発的に拡大させ、二〇〇〇年代にはCDSに乗り出し急激な拡大を遂げていったが、CDO投資家（組成金融機関を含む）やCDS取引相手も将来の期待・幻想を膨らませて投資拡大・取引拡大を行い、CDO、CDSは異常な拡大を続けた。住宅ローン（借入れ）需要者は住宅価格上昇・資産価値膨張がいつまでも続くという期待・幻想を膨らませて住宅ローン需要、ホームエクイティローンを拡大した。これらの期待・幻想が相互に助長し、これらが投機的金融活動の拡大を支えていった。こうして大手金融機関はCDO、CDSの順調な推移がいつまでも続くという期待・幻想を膨らませ続けたのである。

そして大手投資銀行、大手商業銀行、ヘッジファンド、モノライン、各種保険会社は、相互に激しい競争を繰り広げ、金融機関内では各業務部門、傘下機関の間で、さらには各専門家の間で、業績・企業収益、個人所得をめぐって熾烈な競争を展開し、これらが新しい金融商品の開発と投機的金融取引の拡大を持続させていったのである。

今回、相次ぐ大手金融機関の経営破綻において注目されたことは、経営危機・経営破綻に陥った金融機関の経営者たちの多くが、「想定しない事態」、「想定を超えた事態」によって経営危機・経営破綻に陥ったといい、あたかも外部で生じた「想定を超えた事態」によって巨大な損失を蒙った被害者であるかのような意見を述べていたことである。

しかし今回の世界的金融危機はこれら大手金融機関が熱狂的に推進していった証券化、CDS等によって生み出されたものであって、「想定を超えた事態」はまさに自分たちが生み出したものである。その危険を想定することもできなかったことは無策のきわみであり、その責任はあまりにも大きい。

もちろん、無策と無責任という点では、これらの危機を理解することもなく、必要な規制・監督を行ってこなかった米国当局も同罪であるが。

期待・幻想の膨張のもとで投機的金融活動を膨大化させ膨大な収益をあげてきたことは、人間の叡知の喪失、責任感の喪失、モラルの喪失を蔓延・深化させていったのであろうか。

第八章　国家・国際協調による対策とそれが生み出す諸矛盾

今回の世界的金融危機への対策について、あらかじめ確認しておくべきことは、金・ドル交換停止・初期ＩＭＦ体制崩壊の後には、国家、とくに米国が恐慌を阻止するためのきわめて強い「力」をもつようになっていることである。今回の史上例のない強力な金融対策を打ち出すことができたゆえんである。だがこのような対策を行うことは、その後に深刻な問題・矛盾を生み出すことになる。

したがって本章では、まず第一節で金ドル交換停止・初期ＩＭＦ体制崩壊後の特徴を見たうえで、第二節で国家と国際的協調による具体的対策の推移を示し、第三節で今回の金融危機対策の特徴とそれらが生み出した問題・矛盾を明らかにする。ここでも世界的金融危機の震源地として最大の対策を打ち出し国際的協調を主導していった米国を中心に取り上げる。

第一節　金ドル交換停止・初期IMF崩壊による恐慌阻止の力の増大

恐慌を阻止する力の増大

本来、金本位制崩壊後の不換制では、中央銀行の通貨発行が金兌換によって制約されなくなったため、国家は恐慌を阻止するために通貨膨張・信用膨張や赤字財政によって独占企業・大金融機関の倒産とその波及を防止し、恐慌を阻止する可能性をもつことになったが、ただしその可能性は不換制の内容によって左右される。

第二章で見たように、金・ドル交換停止・初期IMF体制崩壊の後には通貨膨張・信用膨張・財政赤字への歯止めが取り除かれたため、恐慌を阻止する力はきわめて強まった。とくに基軸通貨国・米国では国内不換通貨ドルがそのまま基軸通貨ドルであるため、通貨膨張・信用膨張・財政赤字は対外決済面からの制約もなかった。米国以外では対外決済の面から経常収支赤字拡大への制約があるが、米国の対外赤字累増によって対外黒字が増大するため、この制約は緩和されていた。

それゆえにこそ、今回サブプライム住宅ローン問題が表面化して以来、米国を中心に、政府（財政）とFRB（中央銀行）がそろって、米欧の国際的協調をつうじて、金融救済のためにさまざまな手段を総動員することができたのであるし、その後実体経済停滞・失業増大が深化するのに対し莫大な財政赤字による景気対策を打ち出すことができたのである。

恐慌阻止による通貨膨張・信用膨張の一部温存

かつての金本位制下での過剰生産恐慌は、実体経済での企業倒産の連鎖波及をつうじて過剰資本（過剰生産物・過剰生産設備・過剰貨幣資本）を一挙に破壊・縮小し、膨張した信用を一挙に収縮させ、これらをつうじて、縮小した規模でなんとか再生産を始める諸条件を準備する機能を果たしたのである。恐慌は資本主義の矛盾の爆発であると同時に、矛盾を一時的に解決するものでもある(1)。

ところが、現代のように国家が強力な政策によって恐慌を阻止する「力」を行使して、国家・中央銀行＝ＦＲＢが膨大な資金供給、公的資金注入、大手金融機関破綻の救済、不良資産買取り等を実施していくことは、膨れ上がった資金・信用を一挙に破壊・縮小させるという恐慌の機能を充分働かないようにすること、したがって回復の諸条件が阻害されること、を意味する。

国家が単独ないし国際的協力によって、膨大な資金供給、大手金融機関の破綻救済、公的資金注入を行うことは、大手金融機関が債権・債務を整理・清算しないまま、不良資産を抱えたままで生き残ることを促す。このことは新しい投機的活動を再現していく余剰な資金を温存し、新しい分野での投機的活動を促す温床となる。他方では国家は膨大な財政赤字、中央銀行の資産劣化を抱え込むことになる。したがって、その後の実体経済停滞、失業に対して財政出動による需要創出政策をとろうとしても、それまでの膨大な財政赤字、中央銀行の資産劣化という問題を抱え、そのもとで始めることにならざるをえない。このため、実体経済停滞・大量失業を解決することはきわめて困難なものとなるのである。

第二節　米国を中心とする国家と国際協調による対策の推移

直前まで各国政府・中央銀行は予想できず

米国では住宅価格上昇は二〇〇六年後半以降低下に転じ、緩やかではあるが低下傾向になっていた。〇六年末以降、サブプライムローン焦付きが増大し、サブプライム向け住宅ローン専門会社大手の破綻も始まった。〇七年三月、この大手ピープルズ・チョイス・ホーム・ローンが破産法一一条にもとづく資産保全申請（以下破産申請と略）、四月二日同大手ニューセンチュリー・ファイナンシャルが破綻申請を行い、住宅ローン問題の懸念が拡がりつつあった。

しかし米国政府・FRBは景気減速を懸念してはいたが、住宅ローンをめぐる問題の深刻さは予想できず警戒感もなかった。EU諸国でも同様であった。

サブプライムローン焦付き問題が表面化する直前の〇七年四月一三日、G7（七ヵ国財務相・中央銀行総裁会議）は一応資本市場のリスクに警告したとはいえ、共同声明で、世界経済は「過去三〇年以上の間でもっとも力強い」と述べていた。

サブプライムローン問題表面化、欧米の緊急資金供給

米国のサブプライム住宅ローンの焦付き問題が最初に表面化したのは、〇七年六月二二日、米国第五位の投資銀行のベアー・スターンズが傘下のヘッジファンド二社への資金援助を発表し、七月一〇日以降、サブプライムローン関連のRMBS（住宅ローン債権担保証券）・CDOが大量に格下げされたことによる。七月一九日、バーナンキFRB議長は議会証言で、サブプライムローン問題に絡む損失額は五〇〇億ドル～一〇〇〇億ドル（約一二兆二〇〇〇億円）という民間試算があると述べた。

これがヨーロッパで火を噴いたのは八月九日、フランスの最大手銀行BNPパリバがサブプライムローン関連証券で損失を出した傘下の三ファンドを凍結したことによる。これに対してECB（欧州中央銀行）は翌九日即座に緊急資金供給を始め、一〇日、週明け一三日の三営業日で二〇三五億ユーロ（約三二兆八〇〇〇億円）にのぼるきわめて大規模な緊急資金供給を実施した。

震源地・米国のFRBは九日～一一日に、一〇一二億五〇〇〇万ドル（約一一兆六〇〇〇億円）の資金を金融市場に供給する。FRBは八月一七日に公定歩合の引下げを始め、九月一八日FF金利の引下げを始め、その後これらの引下げを繰り返す（図4）。

九月一四日、イギリスでは約一四〇年ぶりに、住宅ローン業務で急成長した中堅銀行ノーザン・ロックで「預金の取付け騒ぎ」が生じ、財務相が預金全額保護を宣言してようやく沈静化した。

SIVの経営危機とABCP市場の混乱

八月には早くも米国においてCDOの価格下落と格下げによってそれを担保とするABCPの再発行が困難となり、八月末以降、SIV、ヘッジファンドによるCDOをはじめとする証券化商品の「投げ売り」とABCPによる資金調達困難が進み、ABCP市場の混乱・大幅収縮とSIV、ヘッジファンドの経営危機が深刻化する。

一〇月一五日、米シティグループ等の最大手銀行はSIV対策として「M-LEC特別基金」設立を発表、財務省・FRBは大歓迎する。（一二月二一日、設立断念を発表。）

米欧銀行が巨額損失公表

一〇月、米欧の諸銀行がサブプライムローン関連の巨額損失を発表、米メリルリンチ、シティグループではCEOが辞任した。欧州での損失はスイス最大手のUBSが最大で、イギリスのHSBC、RBS、ドイツの銀行も巨額の損失を出した。ただしこの頃には、米大手銀行は巨額の損失ではあるが、自己資本増強で乗り切ろうとしており、ここでは「政府系国富（投資）ファンド（SWF、Sovereign Wealth Funds）」からの出資受入れが注目された。（シティグループはアブダビ投資庁、メリルリンチはシンガポール政府系ファンド・テマセク、モルガン・スタンレーは中国投資有限責任公司からである。なおスイスUBSのシンガポール政府投資公社からの出資受入れが最大額である。）

米欧五中央銀行、史上初の協調的資金供給

年末を控えて資金繰りが厳しくなり短期金利が上昇したのに対し、史上初めて巨額の国際協調的な資金供給が実施される。一二月一二日、米欧五中央銀行（米ＦＲＢ、欧ＥＣＢ、英ＢＯＥ、スイス、カナダ）が協調的に各国短期金融市場に大量の資金供給を行う緊急声明を出す。米ＦＲＢは最大四〇〇億ドル（四兆五〇〇〇万円）である。

ＦＲＢはさらに、〇八年一月四日、金融機関向け融資を一月末まで六〇〇億ドル（約六兆五〇〇〇億円）行うと発表。

モノライン危機

二〇〇七年末以降、金融関係の保険のみを扱う米国モノライン大手会社の相次ぐ経営危機、格付会社によるモノライン会社とそれが保証していたＣＤＯ・ＲＭＢＳや地方債の格下げが拡がり、〝モノライン危機〟となった。

ブッシュ大統領緊急景気対策

ブッシュ大統領は〇八年一月一八日、最大一五〇〇億ドル（約一六兆円）規模で、個人所得税の還付を中心とする緊急景気対策の骨子を発表、二月一三日に法案成立、実施となる。

米欧五中央銀行、再度の協調的緊急資金供給

〇八年三月一一日、〇七年末に次いで、米欧五中央銀行が各国短期金融市場に資金供給を行うと発表する。米国ＦＲＢが最大枠二〇〇〇億ドル（約二〇兆円）である。

ベアー・スターンズ破綻、FRB異例の特別融資

〇八年三月一四日、米国投資銀行第五位のベアー・スターンズが資金調達不能に陥ったのに対し、ニューヨーク連邦準備銀行（ニューヨーク連銀）が緊急融資を行ったが破産申請不可避となったため、一六日、JPモルガン・チェース銀行が救済合併を公表し、FRBはNY連銀をつうじて特別融資二九〇億ドル（約二兆九〇〇〇億ドル）を行いベアー社の金融資産を担保にとると公表する。FRBによる特別融資は形式上は救済合併を行うJPモルガン・チェースに対するものとなっているが、実質的にはベアーの破綻阻止のためのものである。FRBが投資銀行を救済するのは異例なことである。この措置により、大手金融機関は救済されるという安堵感が拡がった。

FRBは同一六日、証券会社を含め有力なプライマリー・ディーラーに対する貸出制度をニューヨーク連銀に新設することにし、公定歩合を〇・二五％引き下げた。

米国の金融不安と景気後退を背景にドル安が進み、とくに三月一三日円が高騰、一ドル＝一〇〇円を一二年四ヵ月ぶりに突破、同一七日には一二年七ヵ月ぶりに一ドル＝九五円台になる。

ベアー・スターンズに対する強力な救済措置にもかかわらず、住宅価格は低下、住宅ローンをめぐる状況はいっそう悪化し、〇八年七月一一日、米地方銀行で住宅ローン大手のインディマック・バンコープが業務停止命令を受け破綻した。GSE（政府支援企業）のファニーメイとフレディマック両社は、経営不安から株価下落に陥り、七月一一日には株価は前日比五〇％前後に暴落した。

ファニーメイとフレディマック経営破綻、政府管理下に

米国の両社救済対策はきわめて敏速であった。七月一三日、米政府は両社に対する融資枠拡大と公的資金注入を柱とする救済策を緊急発表、早くも同二六日には米国議会がこれらの支援と借り手救済の「住宅経済復興法（The Housing and Economic Recovery Act of 2008）」を可決、三〇日成立となる。これによって財務省の権限で、ファニーメイとフレディマックへの緊急融資枠を無制限に拡大し、国民負担の「公的資金注入」を行うことが可能となったのである。すでにFRBによるベアー・スターンズへの特別融資があったが、ここで初めて政府が財政による公的資金注入に踏み切ったのである。

しかしそれでもファニーメイとフレディマック両社の経営危機は改善されなかったため、米政府は九月七日、最大枠各社一〇〇〇億ドル、計二〇〇〇億ドル（約二二兆円）の公的資金を注入して両社の経営を政府の管理下に置くことを決定した。

リーマン・ブラザーズの破綻

九月一五日、米国投資銀行第四位のリーマン・ブラザーズが破産申請を行う。負債総額六一三〇億ドル（約六三兆八〇〇〇億円、当日発表）、米国史上最大の倒産であった。だが米国政府は公的資金による投資銀行の救済はできないとして、これを救済しなかった。政府が救済を行うかどうかの基準が明確でないという問題を残すものであった。

同日、同第三位のメリルリンチをバンク・オブ・アメリカが救済買収した。

AIGの破綻、政府管理下に

翌九月一六日、世界最大の米国保険会社AIGがCDS取引において保証した証券化商品の価格低下によって「現金差し出し」の必要に迫られ、支払い不能で経営破綻に陥った。政府・FRBは、最大枠八五〇億ドル（約九兆円）の緊急融資（二年間）を行い、同社の株式の七九・九％を取得し、これを政府の管理下に置くと公表した。以上の破綻によって、CDS（金融保証のデリバティブ）の破綻問題が一挙に表面化し、〃CDS危機〃が世界に拡がっていった。

米欧中央銀行が史上初のドル供給制度創設

リーマン破綻のきわめて深刻な影響を抑制するため、主要中央銀行はただちに九月一六日・一七日、各国金融市場に緊急資金供給を実施する。FRB一四〇〇億ドル（約一四兆六〇〇〇億円）、ECB一〇〇〇ユーロ、日銀八兆円（三日間）で、計約三五兆円である。

だが米国以外の各国金融市場では、米国国内での流動性逼迫によって基軸通貨ドルの不足が深刻であったため、九月一八日、日本を加えた六大中央銀行（FRB、ECB、BOE、スイス、カナダ、日銀）がドルを各国市場に供給する新しい制度を創設し、総額一八〇〇億ドル（約一八兆八〇〇〇億円）を各国市場に供給した。これは、米国以外の中央銀行がFRBとの間で事前に取り決めたレートで自国通貨をドルと交換し、そのドルを直接自国の金融機関に貸し付ける制度（ドルスワップ制度）である。二四日、オーストリア、スウェーデンが参加、規模が拡大する。

その後もドル不足がいぜんとして深刻なため、九月三〇日、米欧日一〇中央銀行はその規模を一気に倍増し、六二〇〇億ドル（約六五兆三二〇〇億円）にのぼるドルを各国に供給、一〇月一三日にはその上限を徹廃する。

米財政による FRB支援

九月一七日、米国財務省は国債を臨時発行し、FRBの資金供給を支援すると発表した。実質的に政府がFRBの資金供給の原資を与えたこととして注目すべきである。この時期以降FRBの金融救済が格段と拡大するので、財政によりFRBの財務基盤強化のために支援をしていくことになる。

FRBが最大投資銀行の銀行持株会社移行を容認

九月二一日、FRBが米国投資銀行第一位ゴールドマン・サックス、第二位モルガン・スタンレーについて公的資金注入可能の銀行持株会社へ移行することを容認した。これは二社を存続させるための措置といえる。

こうして一九九〇年代以降、大躍進を遂げた大手投資銀行がすべて消滅した。

米国「緊急経済安定化法」(七〇〇〇億ドル)

九月中旬、米国政府は公的資金による不良資産買取りを柱とする法案を急いで提出したが、国民の税負担増による金融機関救済への不満が強く、二九日下院で共和党一部の反対によって法案は否決された。だが、二五日には米国貯蓄貸付組合（S&L）の最大手ワシントン・ミューチュアルが破綻しており（JPモルガン・チェース銀行が買収）、また下院での法案否決の日、ニューヨーク株式は史上最大の大暴落となったため、下院は慌てて法案修正で合意し一〇月三日「緊急経済安定化法（Emergency Economic Stabilization Act of 2008）」（「金融安定化法」とも呼ぶ）が成立した。

「緊急経済安定化法」の中心は、財務省が最大七〇〇〇億ドル（約七五兆円）枠で、公的資金によって金融機関の不良資産を買い取る制度（TARP、Troubled Assets Relief Program）である。修正のさい金融商品の時価会計の一時凍結、預金保険上限額の現行一〇万ドルから二五万ドル（約二六〇〇万円）への引上げ等が盛り込まれた。

ニューヨーク株式大暴落、世界同時株下落の頻発　九月二九日、米国下院での法案否決に対し、ニューヨーク株式市場ではダウ平均七七七ドル安と、史上最大の暴落となる。だが「緊急経済安定化法」成立にもかかわらず、週明けの一〇月六日、金融危機の深化と世界的不況の不安からニューヨーク株式は大幅に下落、ダウ平均は四年ぶりに一万ドル割れとなり、ドル売りも進んだ。米国発の世界同時株暴落が頻発し、一〇月二四日についで二七日にはニューヨークダウ平均は八一七五ドルと、五年七ヵ月ぶりの安値となる。日経平均は七四八六円で、八二年一一月以来の安値を記録する。

アイスランド等、国家の金融危機、IMFの支援　一〇月六日、アイスランド政府が「金融非常事態宣言」を行い、その衝撃が世界、とくにEU諸国を襲った。二四日IMF理事会がアイスランド緊急融資を発表したが、その後金融危機に陥った国が増大し、相次いでIMFに支援要請を行う（一一月中、ハンガリー、ウクライナ、パキスタン、セルビア、ベラルーシ、キルギス）。

ニューヨーク株式大暴落と世界的同時株下落の頻発のもと、金融危機と実体経済悪化の不安が拡がったうえ、新興諸国での危機が相次いだ。

米欧六中央銀行が協調的利下げ

米欧日は史上初めて協調的利下げを実施する。一〇月九日、米欧六中央銀行（FRB、ECB、BOE、カナダ、スウェーデン、スイス）が協調的利下げに合意した。これまで欧諸国は緊急資金供給には積極的であるが、インフレ懸念から利下げは見送り、ECBは〇八年七月に金利を引き上げたくらいであるが、九月末以降の世界同時株下落の頻発と実体経済悪化に対し、ついに金利引下げに転じ、その後引下げを繰り返す。FRBはFF金利を九日一・五％にさらに二九日一・〇％へ引き下げるが、三週間で二度の引下げは異例のことである。日銀は三一日、〇・五％から〇・三％へ引き下げ、韓国、中国も同調した。

G7「行動計画」と各国金融危機対策

一〇月一〇日、G7は重要な金融危機対策を盛った「行動計画」を発表した。骨子は「金融システム上重要な金融機関を支援し、その破綻を避けるため、あらゆる手段を活用する」、「信用市場と金融市場の機能回復のためあらゆる必要な手段を講じる」、「金融機関に対し、必要に応じ、公的資金と民間資金で資本増強できるようにする」、「各国の預金保険プログラムが強力で一貫していることを確認する」、「必要に応じ、抵当証券など証券化商品の流通市場を再活性化させる」ことである。これら行動について、これが「納税者を保護し、他国に悪影響を与えないように行われなければならない」と補足されているが。

この「行動計画」により各国はただちに巨額の公的資金注入と政府の銀行保証を実施した。ユーロ圏に入っていない英国はこの直前の一〇月八日、EUでは最初に大手銀行八行に五〇〇〇億ポンド（約八兆九〇〇〇億円）の公的資金注入による自己資本増強を決定していた。ドイツは八〇〇〇億ユーロ（約一一一兆円）、フランスは四〇〇〇億ユーロ（約五兆六〇〇〇億円）である。この他、欧諸国は政府の保証額を計一八六兆円とする。

米国はただちに緊急経済安定化法の不良資産買取りのためのTARPから総額二五〇〇億ドル（約二五兆円）を用いて、大手九金融機関に公的資金注入を行うことを発表、一二五〇億ドルを実施した。公的資金利用の目的変更であるが、レバレッジ崩壊で資金不足に陥った大手銀行の救援のためであった。その後さらにTARPから大手銀行のバンク・オブ・アメリカ、シティグループへの追加注入が行われる。

FRBがCP・特定資産の買取制度

FRBはリーマン・ショック後の危機に対し、これまでとは異なる新しい質の政策を強行していく。まず一〇月七日、コマーシャルペーパー（ABCPを含む）を直接買い取る制度（CPFF）[2]を創設し、一〇月末以降買取りを始める。一一月には、ABS（資産担保証券）市場支援のため、自動車ローン、クレジットカード・ローン、ホームエクイティローン等を担保とするABSの保有者への融資を行う制度（TALF）[3]を創設し、さらにその後、これによって政府管理下のGSE両社（ファニーメイ、フレディマック）の発行する住宅ローン担保証券（RMBS）と商業用不動産担保証券（MBS）、およびGSE債券の買取りを行うようにする。一一月二五日、FRBは最大八〇〇〇億ドル（約七四兆円）の追加金融対策によりこれらの資金枠を作る。

最初のG20金融サミット

一一月一四日、はじめてのG20の金融サミットが開催され、金融に関する各種の規制強化、国際機関による監視強化等について合意され、その具体化をすすめることになる。

シティグループ経営危機、政府救済策

米銀行大手シティグループが経営危機に陥り一一月二四日、株価が三・七七ドルにまで暴落したのに対し、米政府は二〇〇億ドル（約一兆九〇〇〇億円）にのぼる公的資金を追加に注入することと、シティの抱える不良資産三〇六〇億ドル（約二九兆円）に対し、損失が生じた場合に政府が肩代わりする「政府保証」を付けた。シティはすでに先の大手九金融機関宛ての公的資金注入のさい二五〇億ドルの公的資金を受け取っていた。個別金融機関に対する公的資金投入としては過去最大額である。政府はシティの優先株発行から二七億ドルの新株引受権を獲得する。

米国、史上初のゼロ金利に突入

FRBは一二月一六日、ついにFF金利の誘導目標を〇・〇%〜〇・二五%とし、史上経験したことのない事実上のゼロ金利状態に突入した。この後、かかるゼロ金利のもとで資金供給を拡大するという未経験領域へ踏み込んだのである。

EU、財政赤字拡大容認への転換

これまでEUは加盟各国の財政赤字抑制を求め、ユーロ圏では独自の「財政規律」を強く求めていたが、ついに財政規律を棚上げにし、各国の財政赤字拡大を容認し、財政出動を求める政策に転換していった。米国リーマン・ショック以降、アイスランド問題も加わり、金融危機の深化とともに実体経済停滞・失業が悪化したため、EUは一一月二六日、二〇〇〇億ユーロの経済対策を打ち出し、各国財政赤字を容認し財政出動を求めることになったのである。一二月四日、EU諸国は金利の大幅引下げを実施する。スイスは事実上のゼロ金利に。

オバマ新政権、巨大規模の金融対策と財政出動

米国では〇九年一月にオバマ新政権が発足したが、矢継ぎ早に大規模な景気対策とこれまで以上の金融対策の拡充を打ち出す。

二月一七日、オバマ大統領は七八七二億ドル（約七五兆円）にのぼる過去最大規模の景気刺激策として「米国再生・再投資法（American Recovery and Reinvestment Act of 2009）」を成立させる。主な目標は三五〇万人以上の雇用の創出・維持、経済の「急成長」、将来における成長力引上げである。

ガイトナー新財務長官は二月一〇日、新しい「金融安定化策（Financial Stability Plan）」(4)を発表、一八日に住宅保有者（最大四〇〇万～五〇〇万人）に対するローン借換え支援等の住宅対策を出した。三月二三日には、金融機関からの不良資産買取りのための「官民投資プログラム（ＰＰＩＰ）」(5)（五〇〇〇億ドル）を実施するとした。

ＦＲＢ、長期国債買切り、資産買取拡大

ＦＲＢは三月一八日、計三〇〇〇億ドル（約二九兆円）にのぼる長期国債の「買切り」（売戻し条件なし）を向こう半年で行うと発表したが(6)、このような膨大な「長期」国債の「買切り」は異例の措置である。

ＦＲＢはさらにＧＳＥの発行する債券とＲＭＢＳ・ＭＢＳの買取り枠を、〇九年中合計一兆四五〇〇億ドル（約一三八兆円）に拡大、住宅以外のＡＢＳを担保にした融資等も拡大した。また破綻救済したＡＩＧに対し三〇〇億ドルの追加資本が注入される。

米自動車大手ＧＭ破綻、国有化

〇八年一二月以降、米政府は自動車大手ＧＭ（ゼネラル・モーターズ）の金融子会社ＧＭＡＣに五〇億ドルの公的資本を注入してこれを銀行持株会社として破綻を避けた。ＧＭ本体に四〇億ドル（一二月三一日）、クライスラーに四〇億ドル（〇九年一月二日）の公的資金を注入し、その後も支援を続けたが、それにもかかわらず、両社は破産法申請に追い込まれた。

四月三〇日、クライスラーが破産法を申請し、そのもとでの再建を模索することになる。

六月一日、ＧＭはついに破産法申請となるが、資産八二二億ドル（約七兆八〇〇〇億円）で製造業では米国史上最大の倒産であった。負債総額は三月末一七二八億ドル（約一六兆四〇〇〇億円）である。米国政府はＧＭ株の約六〇％を取得してこれを国有化し、三〇一億ドルの追加支援を行った。総支援額は約五〇〇億ドルにのぼる。

FF金利

米連邦準備制度（Federal Reserve System）加盟の民間銀行が中央銀行に預ける準備預金がFF（Federal Funds）であり、民間銀行がこれらを無担保・短期で調達するさいの適用金利がFF金利（Federal Funds Rate）である。FRBは準備金の状況、資金の需給関係、景気状況を判断して、資金を調節する金利を誘導するので、もっとも重要な政策金利といわれる。日本における無担保コール翌日物金利にあたる。

FRBは2001年ITバブル崩壊に対する景気対策として、FF金利を01年中に11回引き下げ、6.50%から1.75%にし、03年には1.0%とした。また今回の金融危機に対しては07年9月に引下げを始めて以来、たびたび引き下げ、08年12月にはついに0.00%～0.25%、事実上のゼロ金利とした。

なお米国の公定歩合はFRBが民間銀行に資金を貸し出すさいの金利であり、（新）公定歩合（03年6月）ではFF金利に一定上乗せしたものとなる。米国では公定歩合による貸出は従来あまり行われなかったが、今回の金融危機で拡大した。08年3月、プライマリー・ディーラー向け貸付制度を設け、公定歩合を引き下げた。

図4　FF金利の推移（1995～2009年）

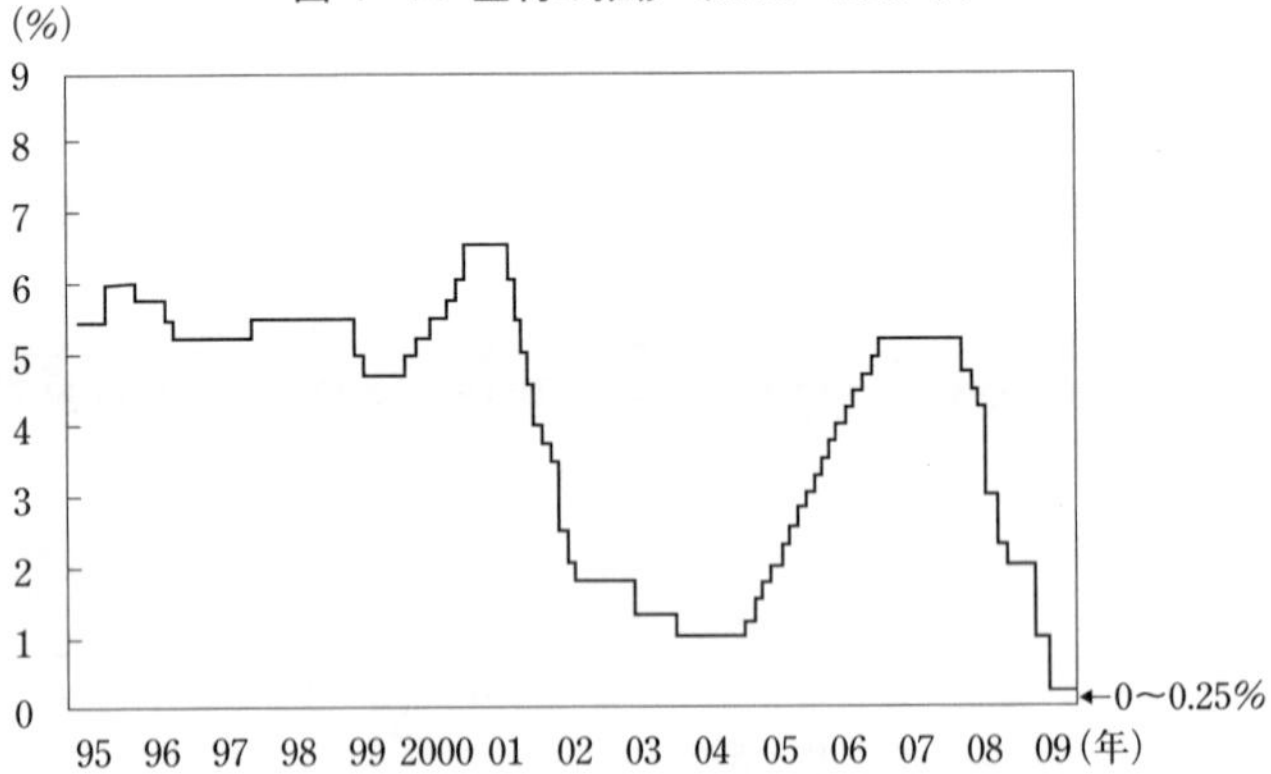

第三節　対策の特徴とそれが生み出した問題・矛盾

今回の対策の特徴

二〇〇七〜〇九年にとられた対策の特徴は徹底的な金融対策であったことである。

そこで注目される第一は、まず金融対策が次々と内容を拡張させ、量・質ともにエスカレートし、文字どおり「あらゆる手段」を動員していったことである。米国ではFRBは早くから金利引下げを繰り返し、金融市場での流動性逼迫に対する資金供給も、量の拡大と対象市場の拡大をはかる。

さらにリーマン・ショック以降は、FRBはこれまでにはなかった新しい質の政策に踏み込んでいき、直接買い取る対象をCP・ABCPから、各種のABS、GSE両社の発行するRMBS・MBS・債券、長期国債……へと拡張していった。政府も公的資金による大手銀行への資本注入、不良資産買上げの対象拡大、大手銀行・大手保険会社の破綻救済……を進めていった。

第二は、史上初めての国際協調的な対策がとられたことである。投機的金融活動が世界規模で活動し金融市場が国際化しているため、国際的協力なしには金融対策は効果があがらないためであるが、ここでもその内容は、国際協調的な大規模な資金供給、国際協調的なドル資金供給制度の創設、共同「行動計画」、協調的金利引下げ……と拡大していった。

以上、無制限的ともいえる資金供給・公的資金投入さらには各種の金融資産買取りであり、国際協調的対策を含めた、金融対策の総動員体制であった。かかる金融対策がとられなかったならば、非常に早い時点で、金融市場での流動性枯渇・機能麻痺と各種金融機関の破綻が一挙に誘発される金融恐慌が勃発したことは明らかであろう。これらの対応によって次々と生じる〝危機〟を一応「その場しのぎ的に」緩和し金融恐慌勃発をかろうじて抑制してきたといえるが、このためのあまりにも膨大かつさまざまな対策の実施は深刻な問題・矛盾を生み出し、それらを累増させつつ現在にいたっているのである。

第三は、国家が実体経済対策に乗り出すのが、部分的なものを除けば、金融危機が実体経済を巻き込んだ後、二〇〇八年秋以降だということである。

場当たり的・その場しのぎ的対策の繰り返し

問題の第一は、徹底的な金融救済策ではあるが、それらが具体的に現れた〝危機〟に対して「場当たり的」・「その場しのぎ的」対策の繰り返しであったことである。新しいより深刻な衝撃が現れるのに対応して、より踏み込んだ対策をとるという形で、対策がエスカレートしていったのである。国際的協調対策でも同様であって、次々と衝撃が現れるのに対して、「その場しのぎ的」により踏み込んだ国際協調的対応が模索されていったのである。このことは第二節で見た事実経過から明らかであろう。

一部には米国の今回の対策がきわめて迅速であったという評価があるが、しかしそれはかかる

「場当たり的」・「その場しのぎ的」対策の迅速さでしかなかったのである。

このことは、米国政府・FRBも各国政府・中央銀行も、今回の世界的金融危機の内容を把握できず、それがいかに深刻化していくかを予想できなかったことを如実に反映している。

したがって政府とFRBがそろって緊急対策を行っていくものの、政府・FRBの基本的な政策方針が見えないため、これだけ膨大な救援策をとったが、一面では大手金融機関の破綻は救済されるという安堵と政府依存のモラルハザードを生み出し、同時に他方では政策効果への不信・疑惑によって疑心暗鬼が長期にわたって支配することになる。米国ではベアー・スターンズ破綻救済以降、危機沈静化の期待・安堵と危機拡大の不安とが交錯して、秋の危機爆発にいたる。

なお米国では政府・財務省とFRBが一体となって場当たり的に政策を遂行していたが、そこでは中央銀行の独立性、政府とRRBとの政策分担の関係も不明確なまま、一体的に政策が遂行されていった。

これに反し、ユーロ圏ではECB（欧州中央銀行）が加盟国すべての金利・資金供給を決定するが、各国の金融システムは各国に委ねられ、財政は各国政府が担っているという難題を抱えていたが、そのことが、今回の金融危機において、ECBと各国金融当局、各国政府（財務相）の間で、政策決定がばらばらになり、場当たり的政策は独特の混乱を生むという問題を生み出していた。

公的資金（財政）投入の膨大化、金融対策のための財政赤字拡大

第二は、早期から政府が国民負担による公的資金を用いて、大手銀行・大手保険会社の破綻救済、大手銀行への資本注入、不良資産買取り等を行ったため、財政赤字が膨大化していったことである。米国ではFRBも次のような救済に踏み込んでいった。

このことは、実体経済停滞・失業増大に対する財政出動を行うさいにすでに国家財政は未曾有の財政赤字を抱えているという問題を生み出している。オバマ大統領は過去最大規模の「米国再生・再投資法」を打ち出したが、そのときすでに米国財政赤字は二〇〇九年会計年度（〇八年一〇月～〇九年九月）予想（〇九年三月）で未曾有の一兆八〇〇〇億ドル（一七四兆円）、GDP比一三・一％となっており、これがさらに膨張することが不可避であった。

このことは、一九二九年大恐慌に陥ったさい米国財政は均衡化されていたことと決定的に異なる。

FRBの資産膨張と資産劣化

FRBがリーマン・ショック以降、新しい質の政策を強行していった結果、FRBの総資産（バランスシート）はサブプライムローン問題発生直前の〇七年七月の約九〇〇〇億ドルから〇九年六月には約二兆一〇〇〇億ドルへと二・三倍強に膨れ上がった。

すでに見たように、CP・ABCP、各種の証券化商品・債券、長期国債の買取りを拡大し続けた結果、FRBはリスクのあるこれらを大量に抱え込み、資産の膨大化・資産の劣化となったので

ある。

この結果、ＦＲＢの財務基盤強化のための財政支援が必要となった。財務省は国債発行の受取金をＦＲＢに預けておく措置をとり始めている。財政による国民負担の「公的資金」投入だけではなく、ＦＲＢをつうじて事実上「公的資金」が金融機関支援に用いられているといえる。

住宅ローン証券化を支える政策

さらにまた米国の政府・ＦＲＢの対策の特徴として注目されるのは、米国では住宅価格下落の抑止のための対策が重要視されており、その中心が「住宅ローン証券化を支える」という内容であることである。

政府は経営破綻したファニーメイとフレディマック両社を政府の管理下に置いたが、その後両社の自己資本基準を廃止し、公的管理下にある間は無制限にＲＭＢＳを発行できるとし、ＦＲＢがこの両社の発行するＲＭＢＳと債券を買い取っていったのである。二〇〇八年民間金融機関での住宅ローン関連のＲＭＢＳはほとんど発行できなくなっていたので、もっぱらこのＧＳＥ両社のＲＭＢＳ発行が米国住宅ローンを支え、住宅価格下落を抑制する役割を果たしてきたのである。

二〇〇九年中頃、住宅価格の下落は底を打ったといわれているが、これがＦＲＢの買取り制度に支えられたものであることは明白であり、この期間が終了した後の住宅価格再下降の不安が高く、延長の期待が高まっている（〇九年八月現在）。

ここで注意したいのは、住宅支援といわれる政策が、基本的に「住宅ローン証券化」を支えるものであり、借り手への支援の開始もかかる枠内での借り手支援である。

しかし金融危機によってこれだけ巨大な損害と莫大な公的資金による金融支援が行われたことを考えると、このさい国家が住宅供給を「住宅ローンの証券化」に依存してきたことを根本的に見直し、これまでほとんど存在しない公的賃貸住宅、公的分譲住宅を創出する途を考えることが不可欠であると思われる。サブプライムローン焦付きの経験から、住宅ローンを信用度の低い層へ強要していったことに危機の原因があるとし、その後、信用度の低い層への住宅ローン供与を制限する動きが生じているが、これは住宅供給が「住宅ローンの証券化」に依存する限り避けられないことである。これでは増大する低所得層・移民たちの住宅取得は不可能となり、住宅困窮は放置され、貧国問題の深化が避けられないであろう。

投機的金融活動の資金の温存・その再燃の危険性

以上のように、膨大な資金を用い、あらゆる手段を総動員して、各種の金融市場における流動性逼迫を緩和し、大手金融機関の相次ぐ破綻を救済していけば、金融危機をなんとか沈静化することは可能であろう。

しかしこのような膨大な資金供給・大手金融機関救済は、一部の金融機関・ヘッジファンド・機関投資家のもとに投機的活動用の余剰な資金を滞留させ、新しい投機的活動再燃の基礎を温存する作用を果たしている。すでに〇七年秋、金融市場での資金不足に対しFRBが膨大な資金供給をしているもとで、巨額の投機資金が原油、穀物、金属に向かい価格暴騰を生み出したのである。ケイマン島等のタックスヘイブン（tax haven, 租税回避地）への資金移転も進んでいるという。原油はその後反転したが、最近ではその投機活動再燃の兆しがあるし、とくにレアメタル、穀物、金をめぐる投機的活動は活発化し、今後CO_2排出権売買や環境ビジネス等の新しい分野で新しい手法の投機的活動が激化する危険性もある。

また救済された金融機関はなおリスクや不良資産を抱えたままであって、金融不安が再燃する危険はいまなお残存している。

これは、本章冒頭で指摘した問題——恐慌を阻止する強大な「力」を行使することが、膨れあがった資金・信用を一掃するという恐慌の機能を不全化するという問題である。

投機的金融取引を規制する動きはヨーロッパ諸国・新興諸国から活発化し、G20金融サミットの後、米国でも金融取引に対する監督の強化、オフバランス取引の開示、あまりにも高いレバレッジの制限、格付制度改正等、各種の規制が検討されている。二〇〇九年五月二七日、欧州委員会（EU）が「金融監督体制改革案」を発表し、米政府は六月一七日「金融規制改革案」を公表し、八月一一日同法案のすべてを連邦議会に提出し終わった。だが、投機的活動に対する踏み込んだ規制はみられない。投機的金融活動の抑止は、米国内外の市民の怒りと投機的活動抑止の要求が高まらない限り、期待できそうにない。あるいは金融危機が今後再び深化していくならば、国際的投機的金融活動に対する規制が迫られることになろうが。

実体経済停滞・失業の克服は困難

二〇〇八年秋以降、金融危機は実体経済を巻き込んでいき実体経済停滞、失業増大が深刻化していったが、実体経済停滞、失業増大を克服することは、金融危機の抑制よりもはるかに困難なものである。

まず、米国では、すでに指摘したように、これまでの金融救済政策によって未曾有の財政赤字とFRBの資産劣化という経験したこともない問題・矛盾を抱え込んだうえで、実体経済対策を遂行せざるをえないのである。

それだけではない。米国は、金ドル交換停止による金融の自由化・国際化と新自由主義的政策とによって経済再生を実現しようとしたため、国内では安い製品輸入への依存・産業空洞化等の問題がすでに定着していたのである。そのもとで金融取引の膨大化・金融収益の膨大化によって実体経済が支えられる関係にあったのである（終章）。これは米国以外の先進諸国でも程度と内容の差はあれ共通している。経済停滞・失業問題の根は深いのである。

したがって財政赤字拡大を恐れず大胆な景気政策を打ち出しても、実体経済停滞・大量失業を打開することはきわめて困難であるし、国民の税負担増、国債発行困難、外国による国債購入の縮小、新しい分野での投機的活動と価格高騰、インフレの危険等の問題が避けられないのである。

終章　膨大化する金融取引・金融収益の内実、金融と実体経済

本書の第Ⅰ部「世界的金融危機の根源」では、現代資本主義の変質・金融の変質と「実体経済から独立した投機的金融活動」の本格化を明らかにし、第Ⅱ部では、この「投機的金融活動」を軸として生みだされた「世界的金融危機を惹起する諸連鎖」を明らかにした。

最後の本章では、第Ⅰ部・第Ⅱ部の分析を踏まえて、膨大化する金融取引・金融収益の内実、金融と実体経済の関係の歪みを理論的に考察する。

第一節　金融取引膨大化の基礎と金融機関の役割の変質

金融取引膨大化の基礎

金融取引膨大化の基礎は、すでに明らかにしたように米国による金ドル交換停止とその後の金融自由化・国際化と米国の基軸通貨国特権にある（第二章第一節）。ドルは金の裏付けをまったくもたなくなったにもかかわらず事実上の基軸通貨として対外決済、国際準備、為替介入、通貨間取引媒介の中心的役割を果たし、基軸通貨国特権をもった米国では、通貨膨張・信用膨張、財政赤字の歯止めが無くなった。たんなる国内不換通貨であるドルがそのまま基軸通貨ドルとして外国との財・サービスの取引、対外軍事支出を行い、対外投融資を行うことができるようになった。基軸通貨国・米国は、ドルの暴落・外国のドル建て取引き拒否がない限り、銀行の信用創造による貸付を膨張し、国内金融取引の膨張を支えるとともに、経常収支赤字累増とそのもとでの巨額の対外投融資を継続することができるようになったのである。金ドル交換停止によって推進された金融の自由化・国際化と金から解放されたドルが基軸通貨であるというもとで、「実体経済から独立した投機的金融活動」が本格化するのである。

これが金融取引膨大化の基礎である。これは米国銀行の役割の変質、新しい〝信用膨張機能〟をもたらす基礎であるとともに、世界に投機的金融取引を膨張させていく基礎でもある。

銀行による信用創造の変質と〝信用膨張機能〟の出現

資本主義経済では金融は本来、実体経済の活動（現実資本の運動）を潤滑に進めるためのものであり、銀行は実体経済の企業に対し蓄蔵貨幣の融通と信用創造（預金創造）による貸付を行い、実体経済で生み出された利潤の一部を利子として受け取る関係にあった。

ところが金ドル交換停止・初期ＩＭＦ体制崩壊の後に生じた画期的な変化は、銀行が、実体経済の活動以外の、金融的収益を求める金融活動に対する信用創造を膨大化していったことと、銀行の信用創造以外に、新しい〝信用膨張機能〟とも呼べるものが出現したことである。これらはいうまでもなく、前述の金融取引膨大化の基礎にもとづくものである。

これらの変化は新しいデリバティブの開発・爆発的普及、新しい証券化商品の開発（ＲＭＢＳ、ＡＢＳ）とともに進んだが、しかし銀行の信用創造の変質、〝信用膨張機能〟の拡大が一挙に進むのは、「証券化の新段階」におけるＣＤＯの開発・爆発的普及と結合してのことであり、それは二〇〇〇年代の米国の景気対策のもとでのＣＤＯの対象の拡張、ＣＤＳの異常ともいえる普及と結合して格段と深化していくのである。グラス＝スティーガル法の規制の緩和・撤廃という新自由主義政策がこれと対応し、これを支えたのである。

銀行の信用創造の役割の変質

大手商業銀行が実体経済以外の金融活動に対して信用創造による貸付を膨大化していったというのは、貸し付ける対象が変わっただけのことではない。第四章で見たように、大手商業銀行自身が主として傘下のSPV、SIV、ヘッジファンドをつうじてABS、RMBS、CDO等を組成・販売をして金融収益を獲得するとともに、本体および傘下組織（SIV、ヘッジファンド）でこれら証券のかなりを保有・運用して金融収益を獲得している。

また大手組成銀行以外の多くの銀行は、本体と傘下機関が証券化商品を購入（投資）し金融収益を獲得するとともに、投機的金融活動に対する信用創造を拡大している。

もちろん信用創造による貸付は返済が必要である。しかし実体経済以外の金融取引に対する信用創造では、返済は実体経済で現実資本が生み出す利潤からの返済ではなくなり、金融活動それ自体から生じる収益による返済である。したがって、金融取引拡大により金融収益が取得される限り返済は順調に行われるのであり、銀行はかかる信用創造をいっそう拡大させ、実体経済以外への信用創造が右肩上がりに拡大を続けていくことになる。

銀行の役割の変質である。世界的金融危機において、大手証券組成商業銀行（傘下機関）をはじめ数多くの銀行が巨大な損失を蒙り、経営危機に陥ったことは、この表れに他ならない。

新しい〝信用膨張機能〟

他方、預金業務を行わず信用創造を行わない投資銀行・ヘッジファンド・モノライン・保険会社が、僅かの自己資本・手元資金だけできわめて高率のレバレッジで自己資本・手元資金の数倍〜数十倍の金融取引を行っていく。銀行の信用創造以外に、金融取引を膨大化する信用膨張が現れたといえる。筆者はこれを新しい〝信用膨張機能〟と呼んでいる。（一般に、レバレッジには僅かの手元資金をもとに銀行借入れを拡大することが含まれる（六三頁）が、このレバレッジは銀行の信用創造によるものなので、ここでの〝信用膨張機能〟には含めない。）

これらの金融機関や傘下のSIVは、証券化商品等の資産を担保にしてABCPやGSE債券を発行して低金利資金を調達し、これをCDOやABS等に投資して収益をあげる。また組成したCDO等の投資家への販売によって資金を調達し、組成の収益をあげる。

これらをつうじ、金融機関は、企業および個人の貯蓄だけでなく、将来国民に支払うべき膨大な国民の年金・退職金基金（公的・私的）、保険基金、地方財政資金等を、銀行を経ることなしに、リスクのある投機的金融取引に取り込み活用している。これら年金等は長い間、過去の個人所得・企業利潤から積み立てられ将来国民に支払われるべきものであって、従来は安定的に運用するよう規制されていたが、金融自由化によって規制が緩和されたのと対応して、これらがリスクのある投機的金融取引に取り込まれ活用されていくのである。世界的金融危機によってこれら基金が巨大な損失を蒙ったゆえんである。

なおGSE債券等の対外販売では、次に見るSWF等の外国資金を直接取り込み活用している。またCDS取引では売り手は、金融保証に対する保証料の受取りによってCDS取引を拡大していくが、ここでは金融機関の金融操作それ自体によって金融取引を拡大している。新しいS-CDOの取引でも、原証券の購入無しでS-CDOの取引が行われるのである。これらでは、年金基金等を取り込むことなしに、金融操作それ自体によって金融取引を拡大しているのである。最近、こうした現実について「シャドーバンキング（shadow banking system）」という用語が流布している。(1)

なお商業銀行も、本体か傘下のSIVかはともかく、右と同じ活動に乗り出している。実際には、これらの〝信用膨張機能〟にはさまざまの金融膨張、レバレッジ手法があり、それらが絡み合っているし、〝信用膨張機能〟は銀行の信用創造とも絡み合っている。

第二節　投機的金融取引の国際的拡張

米国の経常収支赤字・対外投融資の作用

米国が金ドル交換停止により金融の自由化・国際化を進め、基軸通貨国特権にもとづいて貿易収支赤字・経常収支赤字を累増し対外投融資を拡大したことは、投機的金融取引膨張、信用膨張を世界中に拡張していく。

米国が経常収支赤字を累増し続けることは、年々巨額のドルを外国に流出し続け、黒字国のドル流入額を増大させる。（流出というが、そのほとんどは米国国内の外国の預金口座への預金振込みである。）

世界全体での年々の経常収支赤字（不均衡）の圧倒的部分は米国の赤字である。米国以外はほとんどが程度の差はあれ黒字で、米国の赤字累増は黒字諸国の黒字額・ドル保有額を累増することになる。黒字国での黒字の累増は当該国内での通貨膨張・信用膨張・財政赤字拡大を可能にしていく。これは黒字国、とくに新興諸国において実体経済の拡大を促す作用をもっているが、もちろんそればかりではない。

国内の実体経済に有利な投資先が無い場合、実体経済よりもより高い金融収益が見込める場合には、黒字国で増大するドルは米国を中心に金融的収益獲得のために投資されていく。ここで重要なことは、実体経済の停滞によって金融的取引へ向かうだけではなく、実体経済よりもより高い金融収益を獲得できる見込みが拡大することが、資金を金融的取引へ向かわせるということである。ここでは米国の巨大金融機関が、CDO、CDS等を金融工学にもとづいてリスクを処理し回避したという「神話」とともに世界中に売り込み、複雑で内容もリスクもわからないこれら金融商品への期待・幻想を膨らませ、金融取引への投資を拡大させていくのである。

新興諸国における「政府系国富ファンド（SWF、Sovereign Wealth Fund）」の大膨張は以上の関連を象徴するものといえる。SWFの厳密な規定はないが、新興諸国が貿易収支黒字、原油等の資源輸出によって増大した外貨準備を用いて、海外投資によって高収益を獲得しようとして設立した国家ファンドである。財政資金が加わっている場合もある。各国は、国の管理する外貨準備のように安全性の高い運用ではなく、リスクのある取引によって高収益を獲得しようとして作ったものである。アラブ首長国連邦、シンガポール、ノルウェー、中国、サウジアラビヤ等があるが、ほとんどがまったく情報開示を行っていないので内容は不明である。米国財務省は世界のSWF総額を二〇〇七年約一兆五〇〇〇億ドル～二兆五〇〇〇億ドル（約一七〇兆～二九〇兆円）と推定したが、「米国大統領経済諮問委員会報告（二〇〇九年）」はある研究所の推計としてSWFの総資産は、現在三兆六〇〇〇億ドルにのぼると指摘している。[2] SWFは今では世界の投機的金融活動を左右するものとなっている。

他方、日本は対米国・対アジアへの輸出拡大・貿易収支黒字の持続によって巨額のドル外貨準備を保持したもとで、超低金利・金融緩和を長期持続したため、この超低金利資金を借り入れてドルに変え米国等で投資する円キャリートレードが増大した。これもまた投機的金融活動への資金供給として大きな役割を果たしたが、これも米国の貿易収支赤字累増に起因するものといえる。

以上のように、米国は経常収支赤字の累増プラス対外投融資拡大によって、黒字諸国の黒字拡大を急増させることをつうじて、黒字諸国の通貨膨張・信用膨張・財政赤字拡大を可能にし、自国・米国の膨大な財務省証券、証券化商品、債券、保険に対する需要（投資）を拡大させていった。すでに見たように、金ドル交換停止・初期IMF体制崩壊の後も、米国以外の国々では、通貨膨張・

図５　米国の対外取引

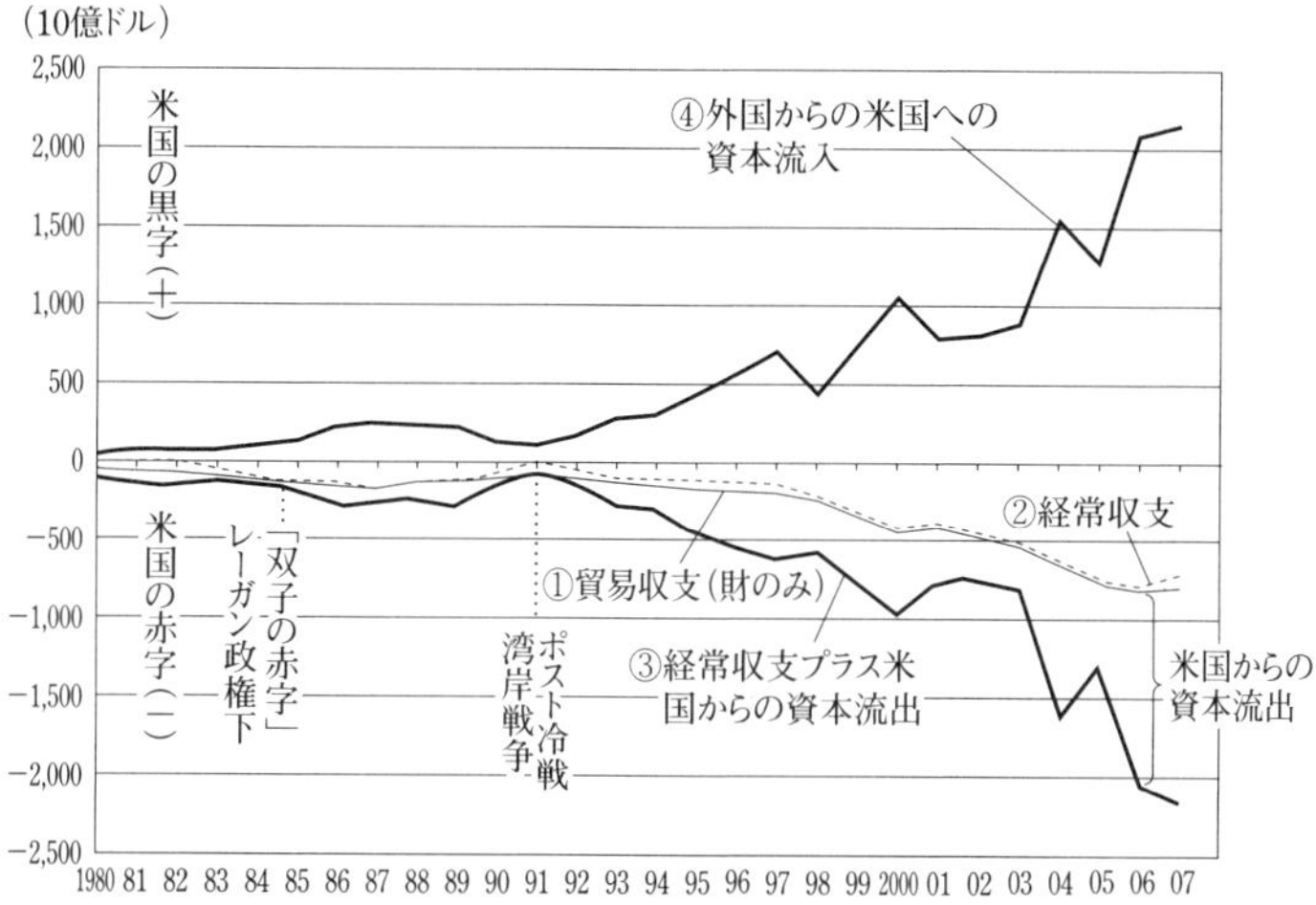

資料出所：U.S. Department of Commerce, Bureau of Economic Analysis.

注 1）①は貿易収支（財のみ）。
②は経常収支。
③は経常収支プラス米国からの資本流出（対外投融資）。
米国からの資本流出（対外投融資）は③マイナス②である。
④は外国からの対米資本流入（外国の対米投融資）である。
資本流出、資本流入ともに公的（政府）部門を含むが、ここでは総額を示す。

注 2）上の③と④の絶対値はほぼ等しい。差は米国「統計上の不突合」である。

補足 1）米国は基軸通貨国特権により、経常収支赤字が累増するもとで、年々巨額の対外投融資を行っている。上のグラフはこのことを明確に示している。

一般には、米国の「経常収支（赤字）」が米国の「資本収支（黒字）」によって埋め合わされる関係だけを重視する見解が少なくない。「資本収支」は上のグラフでは、④外国からの対米資本流入（黒字）と、米国からの資本流出（＝③マイナス②）（赤字）の差額である。

しかしこのように経常収支と資本収支のみを見るならば、米国からの膨大な③全体の役割、外国からの米国への資本流入④の膨大化を把握することはできない。

補足 2）上の④では外国の公的部門による対米流入が2002以降急激に拡大している。また民間部門の流入の内訳では財務省証券以外の「その他証券」が急激に拡大している。

信用膨張・財政赤字は、経常収支赤字のもとでは不可能であるが、米国による経常収支赤字の累増プラス対外投融資拡大は、黒字国の黒字累増をつうじて、この制約を取り除く役割を果たし、自国（米国）の投機的金融取引に対する投資需要を膨大化させる役割を果たしたのである。

米国以外の諸国は、程度の差はあれ、米国のCDO、CDS等の普及のもとで、黒字の増大、自国の銀行の信用創造の拡大、財政赤字をつうじて、投機的金融取引に積極的に参加していく。こうして米国内での「投機的金融取引膨張のからくり」は、世界大に拡がっていったのである。

米国から流出したドルの米国への「還流」といわれるものの中心はこのような内容なのである。一般には、米国の「経常収支赤字」が「資本収支黒字」（米国の対外資本流出を外国からの対米資本流入が上回る額）によってファイナンスされる関係だけを重視する見解が少なくない。しかしこれでは米国の膨大な対外投融資の役割が見落とされるし、外国からの対米投融資総額の激増も見落とされてしまう。米国の経常収支赤字によるドル流出分だけではなく、経常収支赤字の累増プラス対外投融資が米国から外国に流出し、黒字国からの米国への資本流入（対米投資）によって「還流」すること（図5）を確認する必要がある。(3)

「過剰流動性」という用語は曖昧で不適切

世界的金融危機に関連し、「過剰流動性」という用語が、ジャーナリズム、専門書で広く使われているが、しかしその厳密な規定はなく、なにを基準とした「過剰」なのかは理論的にも現実的にも明確にされていない。

「過剰流動性」という用語は実体経済にとって「過剰流動性」が供給されるとどうなるかという問題として、インフレーション・スタグフレーションをめぐって用いられてきたが、近年、世界的な金融膨張について新たに「過剰流動性」という用語が用いられるようになった。ここでは、実体経済にとっては「過剰」な流動性という意味で用いられることが多いようである。また米国での二〇〇〇年代はじめの超低金利・超金融緩和にはじまり世界的な低金利・金融緩和が続いたもとで、「金余り」が生じているという意味のものもある。

しかし、すでに指摘したように、金融的取引に向かう資金は、実体経済で投資先がないものだけではない。むしろ重要なことは、右に見たように、投機的金融収益の見込める大量の各種の金融商品が、金融収益の将来期待・幻想を煽りつつ世界中に供給されていき、資金が投機的金融取引に引き入れられたのである。米国を中心に、世界的規模で投機的金融取引が、実体経済から独立して膨張していったのであるが、もしこれを「過剰」と呼ぶとすれば、実体経済のための金融取引以外のものをすべて「過剰」といっているだけである。

この問題はより基本的には、金ドル交換停止の後、通貨膨張・信用膨張の歯止めが無くなり、金の裏付けのまったくないドルが基軸通貨となっており、基軸通貨国・米国が信用膨張を拡大し、経常収支赤字の累増、対外投資拡大を続けているもとでは、国際的に通貨の「過剰」、信用の「過剰」の基準自体が明確ではなくなったということである。

一般に「過剰流動性」ということによって金融膨張・〝金融バブル〟の原因を説明しているかのような主張があるので、「過剰」流動性という用語は理論的基準のない不適切なものであることを確認しておく。

第三節　投機的金融取引・金融収益の膨張は実体のない「虚」の膨張

膨張する金融資産・金融収益は実体のない「虚」の膨張

以上のように、金ドル交換停止によって通貨膨張・信用膨張の歯止めが無くなったもとで、基軸通貨国・米国が膨大な信用膨張を行い経常収支赤字累増・巨額の対外投資を続けていくことをつうじて、金融資産価値の膨張、金融収益の膨張が進んだが、これらの内実を理論的に考えると、これらはすべて、実体的な富=価値を生み出す実体経済とは関係なく、実体経済から離れた金融操作・金融取引の膨張そのものによって生み出されていったものである。金融取引の膨大化は実体経済とは関係なく、銀行の信用創造の右肩上がり拡大と〝信用膨張機能〟が相互に金融取引を膨張させることによって生み出された金融膨張である。

膨張する金融資産価値は、かかる金融操作による金融取引の膨張そのものによって生じた「虚の富」の膨張であり、実体的富=価値物の増大ではない。膨張する金融収益のかなりはかかる金融操作・金融取引の膨張それ自体から生じた「価値物ではない虚の金融収益」である。証券化商品の将来期待・幻想が膨らみ投資（購入）需要が膨らみ続けるもとで、ＣＤＯの組成では集めた原証券価値よりも新証券の評価価値をより高いものに仕立てることによって金融収益が生じるのである。また既発行証券の価格上昇によって既発行証券を保有する各種金融機関や機関投資家の収益は膨張する。ＣＤＳ「売り手」はプロテクション無しに保証料を受け取って膨大な収益をあげ、Ｓ-ＣＤＯ組成機関も原証券の購入無しで証券販売代金を受け取って収益をあげる。いずれも金融操作そのもの・金融取引膨張それ自体から生じた「虚の金融収益」である。これらはいずれも、「虚の金融資産価値」・「虚の金融収益」がこれから先いつまでも膨張するという将来期待・幻想に支えられたものである。

将来の期待・幻想によって投機的金融取引が拡大し、投機的金融取引拡大による「虚の金融資産価値」・「虚の金融収益」の膨張がさらにいっそう将来の期待・幻想を膨らませていく……のである。こうして「虚の金融資産価値」膨張、「虚の金融収益」への期待・幻想が、実体経済での価値物の生産とは離れたままで膨れあがっていき、「虚の金融資産価値」の自己増殖、「虚の金融収益」の自己増殖が進んでいくのである。ＣＤＯ、ＣＤＳが複雑きわまりない仕組みで内容もリスクもわからなくなり、このＣＤＯがリスクを分散・移転・「解決」した、ＣＤＳがリスクを回避したという「神話」が普及されることが、「虚の金融資産価値」の自己増殖、「虚の金融収益」の自己増殖のうねりをさらに助長した。

また、米国の貿易収支赤字・経常収支赤字、巨額の対外投資によって、世界中にわたって「虚の金融資産価値」膨張、「虚の金融収益」膨張への将来期待・幻想とそれを求める投機的金融活動のうねりが膨らんでいった。

それゆえにこそ、ひとたびある一部のCDOのリスク発現・価格下落からリスク発現の不安が拡がっていくと、期待・幻想は破られ、投機的金融取引が減少に転じる結果、金融資産価値は一気に縮小、金融収益はマイナスに転じ、金融資産価値膨張が「虚の富」の膨張でしかなかったこと、金融収益が「虚」の金融収益であったことが明るみに出るのである。

第四節　金融が実体経済を動かし金融危機が実体経済危機を生む歪んだ経済

金融が実体経済を動かす

金融資産価値の膨張・金融収益の膨張が、以上のような内実のものであっても、それは購買力をもつドルの膨大化として現れる。たとえ「虚の金融収益」であっても、購買力をもつことでは、実体経済で生み出された付加価値（利潤、賃金）と変わりのないものとして現れる。

それゆえ以上のように金融資産・金融収益が膨れ上がっていくことは、投機的金融取引をいっそう拡大していくとともに、実体経済で生産された生産物・サービスを購入し、実体経済の成長を支える役割を果たす。住宅資産価値膨張によるホームエクイティローン拡大（借金増大）は、自動車、家具、電気製品等の大型消費支出によりこれらの生産拡大を促し実体経済を支えた。また大手金融機関をはじめとする金融的活動の膨大化は、これら金融業関連のビル建築・巨大な情報通信装置など各種固定設備構築や雇用拡大、雇用者所得拡大、高額な経営者報酬（右の金融収益と重複）をつうじて、実体経済に対する各種需要を創出し、実体経済の成長を促す。

この再生産拡大が、実体経済における革新的生産方法や新産業の開発を促し本格的な設備投資を惹起していけば実体経済独自の再生産拡大を実現することになるが、かかる開発による設備投資誘因が存在しなければ実体経済の自律的拡大はない。

米国では二〇〇一年、景気対策の柱を住宅ローン需要拡大に求め、FF金利の異例な大幅引下げ・超金融緩和を実施し、これによって景気を回復することができた。

しかしそれがもたらした景気回復とは、実はCDOが新しいサブプライム住宅ローンの拡大等で激増し、CDSがわずか数年で六二兆ドル（約六八〇〇兆円、「想定元本」）規模に膨張し、これらによってまさに投機的金融取引の重層的拡大の諸連鎖が作動し、熱狂的といえる金融取引の大膨張、金融収益の大膨張によって生みだされた実体経済の回復であった。金融資産がGDPをはるかに上回る上昇を続け、金融部門の企業収益が企業全体の収益で占める比重が急上昇した。個人消費支出の増大が景気を支えたが、これはすでに見てきたように家計の借入れ（債務）の膨張に依存するものであり、米国の全家計の債務が可処分所得に占める比率は二〇〇七年には過去八年の間に四〇％も上昇し、一四〇％となっていたのである。

したがって、この景気回復の過程は、巨大リスクが累増されていき、まさに今回の世界的金融危機を惹起する諸連鎖が構築されていった過程に他ならなかったといえる。

金融面での危機が実体経済の危機を生む

以上、「実体経済から独立した投機的金融活動」が展開し、「世界的金融危機を惹起する諸連鎖」が構築されていったということは、実体経済とは直接関係のない諸原因によって、金融危機が惹起される危険性が強まり、この金融危機の発現が実体経済をも巻き込んで経済全体を大混乱に陥れる危険が生み出されたことを意味するものである。もちろん実体経済の停滞が進めば、これが金融危機を惹起するであろう。しかし問題は実体経済とは直接関係なしに、金融活動それ自体によって金融危機が生じ実体経済をも巻き込んでいく可能性が増大していることである。

さらにまた注目すべきことは、比較的軽い実体経済の停滞が生じても、金融面での巨大損失を誘発・拡大させていく諸連鎖が構築されているため、それを契機として「世界的金融危機を惹起する諸連鎖」が作動し実体経済の危機が惹起されていく危険性があることである。ここで生じるのは、かつての周期的な過剰生産恐慌とは異質なものである(4)。

これまで実体経済を支え、その拡大を促してきたものが逆転していくので、実体経済の停滞・失業を一挙に惹起していくのは必然である。

住宅ローンの借り手は、住宅資産価値の大幅減少・ホームエクイティローンの消失のもと、支払うべき巨額の債務を抱え、消費縮小を余儀なくされている。米国の個人消費支出は〇七年末以降減少に転じている。年金・退職金基金、保険基金、地方財政、個人の資産は莫大な損失を被り、社会中に将来不安が拡大した。実体経済の企業は金融危機によって運用資産の損失、銀行の貸し渋り・貸し剝がしと、将来不安・失業・雇用不安による消費冷込みとの両面によって経営難に陥っていった。

同様のことは米国以外においてもその程度や内容に差はあれ、共通して見られることである。以上で展開しているのは、投機的金融活動の膨大化が実体経済を動かしていくという歪んだ経済の姿であり、投機的金融活動の行き詰まりが実体経済の危機を生み出すという歪んだ経済の姿である。

それればかりではない。世界的金融危機により実体経済の停滞・大量失業が発生したことによって明らかにになったのは、米国経済において産業空洞化が進んでしまったことが、経済停滞・失業を克服していく途をきわめて厳しいものにしているということである。

第五節　新自由主義政策のもとでの金融活動重視・実体経済の歪み

国内産業の空洞化

第二章で明らかにしたように、現代資本主義の行き詰まりに対して米国の打ち出した金融の自由化・国際化と新自由主義による経済再生策の結果、国内産業・技術の根本的建て直し、赤字転落した貿易の構造的建て直しは提起されないまま、アウトソーシング（外部調達）の急増、徹底的なコストダウンのために安い消費財・製品の輸入依存体質の強化、安い労働力や原料を利用できる新興諸国への直接進出等が進み、本国での産業空洞化が深化していったのである。

このような経済再生の途は、米国が基軸通貨国特権にもとづいて貿易収支赤字・経常収支赤字を累増、対外投資を続けるとともに、投機的金融取引拡大が順調に進展するもとでは、収益性の非常に高い経済の姿と見なされていたのであるが、しかし金融危機の爆発によって、これが実体経済停滞・失業を倍加するものとして現れてきたのである。

投機的金融取引の膨大化によって実体経済が歪められたということと、産業空洞化に代表される構造的難題を抱えているということは重なりあっているのである。本書において、「実体経済から独立した投機的金融活動」を新自由主義による競争市場原理の世界化・現代資本主義の「変質」全体のなかで把握しようとしたゆえんである。

実体経済の歪み

以上のような中でさまざまな歪みが経済全体、さらには社会全体に拡がっていった。

短期的に巨額の収益が見込める投機的金融活動に多くの企業、人材が集中し、大手金融機関はじめ各種の金融機関もこれらの活動を拡大していった。非金融業の企業、とくに巨大企業は、本業以外の投機的金融活動に乗り出し、本業では不採算部門の切捨て・売却、成長部門の買収を展開していった。長期的経営計画によって新技術開発を行うことは疎かにされた。労働・雇用面では効率化のためのリストラとアウトソーシング、非正規雇用者・外国人雇用者の採用拡大、労働者の権利削減が進んだ。

金融は、新しい市場と収益を生み出す重要な「新産業」といわれ、一部では金融を軸とした「金融立国」論が主張された。労働・技術の蓄積を必要とする〝物づくり〟は軽視されていった。

投機的金融取引によって短期間で膨大な金融収益を獲得できる機会が増え、各種の金融資産価値膨張が進んだ結果、金融収益を獲得できるかどうか、金融資産を保有するかどうかによって、国民階層間での「所得格差」、「保有資産格差」が拡大していった。

社会の歪み

以上のように手段を選ばない利益追求が拡がるもとで、貨幣こそがすべてであるという風潮が経済全体、さらには社会全体に拡がっていった。金儲けのための不正、腐敗、汚職が、政、官、財にわたって拡がり、モラルハザードが世界に深まっていた。エンロン事件（二〇〇一年）、ワールドコム事件（〇二年）が米国巨大企業の不正、粉飾、偽装を暴露して世界に衝撃を与えたにもかかわらず、その直後から金融業で同じようなことが繰り返されたのである。

しかも証券の証券化を軸とする投機的金融取引の膨大化は経済全体、社会全体にリスクの不安を拡大していった。CDO、CDS等はリスクを増幅し、新しい、い、リスクを次々と生み出しリスクを拡張していった。証券化やCDSでは、リスク・不安が新しい金融収益獲得の対象となるので、社会のすみずみにわたってリスク・不安が発掘され、証券化とCDSが拡がっていった。こうしたもとで、経済全体、社会全体がリスクに充ちたもの、不安に充ちたものとなっていった。米国では、二〇〇〇年代、大災害のリスク保険の重要性が強調され、テロ攻撃リスク、戦争リスク、ハリケーン・地震等の自然大災害リスクが指摘され、それらに対する保険を行うプロジェクトが推進されていた。そして新自由主義のもとで、国民すべてが自己責任で「リスクをとり」、資産運用を行うべきであるという主張が急速に拡がっていった。低金利のもとで、リスクを抱えた金融取引が氾濫しているもとでのかかる主張は、国民にリスクへの不安を助長しつつ、リスクのある金融取引を行うよう迫るものである。

以上には、金ドル交換停止以降、世界全体が米国で始まった「実体経済から独立した投機的金融活動」によって翻弄されていった姿がある。

二〇〇九年の世界の現状は、金融資産価値・金融収益獲得のための熱狂が、世界の人々に直接・間接にはかりしれない損害、苦痛を与えたことを示している。

しかもこの世界的金融危機を抑制するための歴史に例のない金融救済策の強行は、第八章で見たようにさまざまな矛盾を生み出したのである。したがって、国家政策によって金融危機が一応沈静化したとしても、現代資本主義は「実体経済から独立した投機的金融活動」が新しい場で再燃する危険性とともに、実体経済の停滞・大量失業が長期化するという深刻な問題を抱え込んだのである。

経済の歪み、社会の歪みを是正していくことはきわめて困難である。しかし世界の人々が連帯してこのような愚かしい投機的金融活動を抑止し[5]、国際金融秩序のあるべき姿[6]・経済のあるべき姿を求めていかない限り、世界の実体経済の安定、雇用の安定、国民生活の安定を実現することは不可能であろう。

注

本書の対象では、一部以外はまだ充分な統計・資料の公表は少ない。本書では国内外の報道、新聞、雑誌、各種情報検索等のできるだけ多くを参照して確認することにした。ただしこれらの数値の典拠は煩雑になるので特別のもの以外は省略する。最近では各機関をインターネットで検索すると公式声明、公式文書、各種出版物をほとんど検索できるので、参考文献一覧を掲示することも不要と思われる。

本書で参考にした統計・資料（検索先）

Board of Governors of the Federal Reserve System, Flow of Funds Accounts of U. S.; Council of Economic Advisers（CEA）; Federal Deposit Insurance Corporation（FDIC）; Federal Housing Finance Agency（FHFA）; Securities Industry and Finacial Markets Association（SIFMA）; U. S. Department of Commerce, Bureau of Economic Analysis; U. S. Securities and Exchange Commission（SEC）; Bloomberg com.; IMF "Global Financial Stability Report", "World Economic Outlook"; OECD "Financial Market Trends", 内閣府『世界経済の潮流』（年二回発行）、内閣府『経済財政白書』（各年）

本書の依拠している筆者の著作・論文

井村喜代子『現代日本経済論（新版）―戦後復興、「経済大国」、90年代大不況』（有斐閣、二〇〇〇年）、「先進資本主義諸国の持続的成長とその破綻」、「現代資本主義の変質と新しい事態・新しい矛盾の展開」（北原勇・鶴田満彦・本間要一郎編『資本論体系（10）』有斐閣、二〇〇一年所収）、『日本経済―

混沌のただ中で』（勁草書房、二〇〇五年）、『現代資本主義の変質』とその後の『新局面』」（『経済』二〇〇七年一月号）、「サブプライムローン問題が示すもの―実体経済から独立した金融活動」（『経済』二〇〇八年六月号）、「現代資本主義と世界的金融危機」（『経済』二〇〇九年七月号）。

第一章

（1）詳しくは、前掲井村喜代子「先進資本主義諸国の持続的成長とその破綻」を参照されたい。

（2）詳しくは前掲井村喜代子『現代日本経済論（新版）』第五章を参照されたい。

（3）同右三一六～三一九頁および第六章第二節「〝ME化〟における躍進と実体経済の発展」、井村喜代子『日本経済―混沌のただ中で』第Ⅰ部第一章第二節を参照されたい。

第二章

（1）激しい通貨供給増大によりインフレが進行し、ニクソン声明での一〇％輸入課徴金にもかかわらず、貿易収支赤字は一九七一年二三億ドルから翌七二年六四億ドルへと三倍近く激増した。ニクソン政策のもとで予想される国内経済停滞、インフレ、ドル減価、国内低金利を避けて、投機的活動が活発化し、米国からのドル流出を加速した。国際収支赤字額は七一年、七二年の二年間には、六六～七〇年の過去五年間の赤字合計額の約二倍に膨張した。黒字が膨大化する欧日諸国は米国のインフレが輸入されるという非難を強めた（本文二七～二八頁）。こうしたもとでは、スミソニアン体制が崩壊するのは必然であった。しかもこうしたもとで、七二年通貨の先物取引が開始されていた。

米国政府が、金ドル交換の「一時的」停止を解除し、金ドル交換を再開しようという努力の跡は見られないといえよう。

(2) M・フリードマンの著書、*Milton Friedman, Dollars and Deficits*, 1968 (新開陽一訳『インフレーションとドル危機』日本経済新聞社、一九七〇年) が刊行されていた。

(3) 変動相場制について、M・フリードマンは、変動相場制では「国際収支問題は完全に解消される」、「流動性問題を解消する。公的為替準備をもつ必要はない。個々の民間主体が必要な準備を提供する……」と述べ、投機についても「不安定化的投機」はありえない、「実証研究」では「投機が安定化に貢献した」「証拠が圧倒的である」と述べていた(右訳、一八六、一八七、一九一頁)。

この理論の誤りの基本は、非現実的な抽象的仮定のもとで変動相場制を考察し、国際収支と為替相場との関連の分析において資本取引の役割をほとんど考慮していないことである。

そこでは、あたかも世界の国々が対等に取引を行い、資本取引も僅かであるように仮定されているのである。したがってたとえば投機が安定化に貢献したという主張も、合理的投機業者はドル安にはドルを買うのでドルの値は上がって修正され、ドル高になるとドルを売るのでドルの値は下がって修正されるという単純な想定でしかない。しかしドル安になってもさらにドル安が進むと見込む投機業者はドルを売りドル安を促しドル安とドル売りが相互促進することは理論的にありうるし、現実にも見られることである。また巨額の資金を動かせる投機業者は意図的に大量のドル売り(多くは「空売り」)によってドル安を生み出した後にドルを買って投機的利益を獲得することもある。

初期IMF体制崩壊後の変動相場制では、外国為替市場において投機活動が恒常化しかつ膨大化している。世界の外国為替市場での外国為替取扱高(二重計算を避ける修正後)の一日平均は、一九八三年四月二六〇億ドル、八六年三月五八五億ドル、八九年四月一二八九億ドルと膨大化し、八九年の世界の外国為替取扱高は一日平均六五〇〇億ドルになり、世界の財・サービス輸出の一日平均額の約四〇倍にのぼる。さらに九八年一〇月には一日平均は一兆五〇〇〇億で、財・サービス取引の約六〇倍になる。

実体経済における取引とは関係ない投機的為替取引がいかに大規模に行われているか、驚異的である。

変動相場制の理論において、膨大な資本取引が行われることを理論的に捨象することはできないのである。

日本でも、フリードマンの理論に依拠して変動相場制の自動的均衡化作用を容認する見解が普及していた。たとえば一九七三年版『経済白書』は変動相場制の理論的特徴を次のようにいう。「第一に、変動相場制下では、国際収支の均衡はほぼ自動的に確保されることであり、第二に、国際収支の不均衡の代りに為替相場の変動が生じることである。すなわち、固定相場制の場合は、国際収支の不均衡によって生じる外国為替の需給のアンバランスは、中央銀行が介入して需給の均衡をはかり、……。変動相場制の場合は、需給のアンバランスは為替相場の変動によって調節される。／第三の特徴は、為替相場の変動が輸出入の相対価格をかえ輸出入量を変化させ、外国為替のアンバランスを縮小させることである。……／第四の特徴は、為替相場が変動することによって、国外における経済変動の衝撃が吸収されることである。……たとえば世界的インフレーションの国際収支面を通じる波及は抑えられ、不況期における輸出ドライブも働きにくくなる。」（一〇六頁）。こうした見解は『通商白書』等にも広く見られた。

現実の変動相場制は今日にいたるまで、以上の主張とはまったく異なる展開を示してきたのであるが。

（4）前掲井村喜代子『現代日本経済論（新版）』三四七～三四八頁。

（5）米国では一九九一年、先端軍事力による湾岸戦争での圧倒的勝利とソ連崩壊の後、低迷している米国経済再生を掲げて当選したクリントン大統領（一九九三年一月～二〇〇一年一月）が、経済再生の柱を、世界に突出した軍事技術にもとづいて情報通信分野での「軍事・民需両用技術戦略（dual-use technology strategy）」と、〝情報通信革命〟の成功の応用に置き、規制緩和によって国内での情報通信サービス網設置と関連機器製造を促進するとともに、世界に市場開放を迫りつつ世界中に情報通信サービス網を張り巡らすことを目指した。

この結果、民間設備投資の活発化を軸にして、インフレをともなわず、雇用拡大をもたらす経済成長を実現したが、しかしこれは産業空洞化という構造的問題を変えることにはならず、関連設備投資に留まった。そしてようやく実現した経済成長はただちに株価上昇に火を付け、とくに情報通信革命関連のベンチャー企業の登録の多いナスダックに、国内外の投機的資金が殺到していくことになる。これを背景に投機的金融活動は「証券化の新段階」に突入していく。実体経済から離れた投機的金融取引が展開し、これによって実体経済が支えられるが、IT関連株式の投機的高騰の反転が実体経済に衝撃を与えるような関係になるのである。

以上は筆者が強調してきたことである（前掲井村喜代子『現代日本経済論（新版）』四二六～四四六頁）。

第三章

（1）これらは過去の「投機」を代表するもので、日本では一般に「バブル」と呼ばれている。しかしバブルを漠然と、「泡のように膨らみ、泡のように消えてしまう」というような意味で使うことは、経済理論としては容認できない。

日本語のバブルは「泡、bubble」である。だがたとえば「バブル」と訳されているジョン・K・ガルブレイスの『バブルの物語』の原語は「financial euphoria」であり、訳者はこの訳に苦心の注意書きを書いている（J. K. Galbraith, *A Short History of Financial Euphoria; Financial Genius is Before the Fall*, 1990, 鈴木哲太郎訳『バブルの物語』（ダイヤモンド社、一九九一年）。またE・チャンセラー『バブルの歴史』の〝バブル〟は「financial speculation」の訳である（Edward Chancellor, *DEVIL TAKE THE HINDMOST: A History of Financial Speculation*, 1999, 山岡洋一訳『バブルの歴史――チューリップ恐慌からインターネット投機へ』日経BP社、二〇〇〇年）。なおこれら著作で取り上げられている旧くからの事例は内容にかなりの差異があって一般的規定を与えることはできない。

（2）前掲井村喜代子『現代日本経済論（新版）』三九六頁、同『日本経済―混沌のただ中で』八三頁。

（3）*Bank for International Settlements, 60th Annual Report*, p. 146（東京銀行調査部訳『BIS国際レポート'90』一七七頁）。

（4）ヘッジファンドの種類・内容もいろいろあるうえ、変化しており、近年厳密な規定はない。「投資ファンド（Investment Fund）」として、「プライベート・エクイティ・ファンド＝PEファンド（Private Equity Fund）」（株式取得・上場手続き・売却等、M&A等による収益拡大を狙う）、「ヘッジファンド」、「アクティビスト・ファンド（Activist Fund）」（株主となって収益拡大を目指す）、「ファンド・オブ・ファンズ（Fund of Funds）」（複数のファンドに分散投資するファンド）もあり、これらを纏めてファンドと呼ぶこともある。またヘッジファンドを投資ファンドと同じように用いるものもある。

しかし本書では本文のように限定して用いる。

第四章

（1）第四章では、理論的にまず資産の証券化が行われ、それら証券の証券化が行われていくという形で、第一節でRMBSを取り上げた。八〇年代にはその多くがファニーメイ、フレディマックによるRMBSである。しかし金融工学にもとづいた手法が開発されていった一九九〇年代後半以降には、両社のRMBSはこの手法を取り入れていくので、第一節で述べたものから変化していき、新RMBSというべきものとなる。この点とくに注意していただきたい。

（2）キャッシュフロー型は、原資産からのキャッシュフローをCDO投資家への収益支払いに当てる、いいかえるとCDO投資家の受け取る収益の源泉が原証券からのキャッシュフローである、ということである。
一般に、CDO組成金融機関が受け取る収益が、原証券からのキャッシュフローの一部であり、その残余が投資家へ支払われるという見解があるが、これではCDOがなぜこのような複雑な仕組みで組成されていくのか、さらに二次、三次……と加工されていくのかを説明できないし、CDOの特質も明らかにできない。

（3）二〇〇六年九月の改革法で、認定格付会社に登録を申請する条件が緩和されたが、その後も参入障壁は高いといわれている（「CEA年次報告（〇八年）」、訳『〇八年米国経済白書』〔『エコノミスト臨時増刊』毎日新聞社、以下同じ〕六五頁）。

第五章

（1）RMBSは、CDOに組成しないファニーメイ、フレディマックのものの他、かなりがCDOに組成されるが、CDOはRMBS以外の各種のABSや社債等を集めて組成していくので、統計的にRMBSのうちのどれだけがCDOに組成されたのか、CDO（発行高、発行残高）のうちRMBS分がどれだけかを明確にすることはできなかった。

（2）住宅ローン問題について、筆者が本書でとくに強調するのは、投機的金融活動が住宅ローンを捉えていったこと、そして住宅ローンが証券化・RMBSだけではなく、第四章で見た証券の証券化＝CDOに組成されていくことによって膨大化していったこと、サブプライム住宅ローン証券化もCDOによってはじめて膨大化していったこと、である。

これらは従来の住宅ブームについての多くの論述では明確になっていないと思われる。

（3）FDIC（米連邦預金保険機構）統計による。

（4）「米国大統領経済諮問委員会年次報告（○三年）」はすでに、○一年のFF金利大幅引下げにより、○二年、住宅ローンのリファイナンス（借換え）による現金化（cashed out）がブームとなり、消費、住宅改装、債務返済に当てられ、消費需要拡大、GDP約○・四％押し上げ効果をもったと指摘している（訳『○三年米国経済白書』四○〜四一頁）。翌年の「CEA年次報告（○四年）」は過去にはリッセッションでは住宅投資は急激に低下したのと対照的に、今回では住宅投資は拡大を続けたといい、その内容として、三○年住宅ローン金利の二％以上の低下によって、住宅ローンのリファイナンスの一大ブームが生じ、現金化（cashed out）して住宅リフォーム、家計消費と、かなりをクレジットカードの債務返済（クレジットカード債務は住宅ローンより高金利で、税控除の対象にはならない）に当てたことを注目し、キャッシュアウト・リファイナンス制が景気を支えたと指摘している。またFF金利低下が自動車ローンの引下げで自動車ローン借入れを促したとも指摘する（訳『〇四年米国経済白書』四五〜四七頁）。

（5）これだけ騒がれている住宅価格上昇であるが、米国の公的統計、公文書で土地について論究しているものを入手することはできなかった。ただ、「CEA年次報告（〇六年）」は「建築可能な土地の供給が制限されている地域もあるため供給制約も過去五年間の住宅価格上昇に寄与した」と指摘している（訳『〇六年米国経済白書』四三頁）。

第六章

（1）GSE両社に必要な自己資本比率は、オンバランス資産では二・五％、オフバランスでは〇・四％である。

（2）シンセティックCDOが急激に拡大していった結果、ますますCDOの統計が不明確になっている。CDOと、S-CDOのそれぞれの発行額の取扱いもはっきりしていないし、CDO全体の新規発行額、発行残高がいかに取り扱われているかも明確ではない。このため、筆者は〇九年八月時点で、CDO関連の統計資料を表示しなかった。

（3）投資銀行はSEC（米国証券取引委員会）の監督下に置かれており、「ネット・キャピタル・ルール（net capital rule）」によって負債は自己資本の一五倍までとなっていたが、〇四年八月、自己資本五億ドル以上の投資銀行については申請によりこのルールの適用が除外されるようになった。今回消滅した大手投資銀行五社とシティグループ、JPモルガン・チェースの七社がこの適用除外を受けた。このことによって、大手投資銀行がレバレッジを格段と高めたものと推察される。

（4）「CEA年次報告（〇九年）」（訳『〇九年米国経済白書』）八三頁。

（5）同「CEA年次報告（〇九年）」は、商業銀行は投資銀行とは対照的に、レバレッジは約一二倍であるという（八三頁）。だが、伝統的銀行業務を行い、BIS規制を受けている商業銀行ではレバレッジが相対的に低いのは当然ではあるが、しかし問題は二〇〇〇年代に商業銀行自身がオフバランスの傘下の諸機関を用いてCDO等の証券化業務を急激に拡大し、投資銀行と激しく競争していたことである。また右のレバレッジの推計にオフバランスの傘下のCDO関連機関が含まれているかどうかは不明である。これは投資銀行にも当てはまる。

第七章

（1）〇八年後半以降、一般民間金融機関によるRMBS発行がまったく不可能な状態に陥ってしまっていた（SIFMA、米国証券業金融市場協会）。このため政府は管理下においたファニーメイ、フレディマックを使って、それらのRMBS発行拡大でRMBS市場を支えていくのである（第八章）。

米国のSIFMA統計では、RMBSおよび、RMBSとその他ABSを組成するCDOにおいて市場収縮が最大で、新規発行が困難となっているといわれてはいるが、CDOについては先の（第五章注（1））で指摘したように、明確にならないことが多く、金融危機深化の過程における内訳別の価格・組成の推移を示す統計資料は〇九年八月時点には入手できなかった。

（2）『〇九年米国経済白書』八五頁。

第八章

（1） 競争の支配する資本主義における恐慌の機能については井村喜代子『恐慌・産業循環の理論』（有斐閣、一九七三年）第三章第三節を参照されたい。独占資本主義においては巨大独占資本のもとで恐慌の機能が変化し恐慌後に経済停滞傾向が支配することになるが、これについては北原勇『独占資本主義の理論』（有斐閣、一九七七年）三〇四頁および第三編第四章を参照されたい。

（2） これ以降の一連の新しい制度新設は、FRB、財務省がいわば一体となって行い、これがFRBの資産総額の膨大化・資産劣化を惹起し、財政赤字をも拡大していくことになる。

CPFF（Commercial Paper Funding Facility）は、FRBが新規発行が困難となったCP市場の機能回復のために、一定の格付CP（ABCPを含む）を発行体から直接買い取るものである。財務省はこの支援のためにニューヨーク連銀に融資する。

（3） TALF（Term-Asset Backed Securities Loan Facility）（「ターム物資産担保証券ローン貸出ファシリティ」）は、FRBが本文のような各種ローンを担保とするABSの保有者に融資する制度で、最初は最大枠二〇〇〇億ドルであったが、その後対象をRMBSやMBSにまで拡大した。

さらにGSE発行の債券を一〇〇〇億ドル、RMBSを五〇〇〇億ドルまで購入するプログラムが発足した。

（4） この住宅政策（Homeowner Affordability and Stability Plan）は、住宅保有者に対するローン借換え支援および、住宅ローン金利引下げ支援、住宅ローンの条件緩和等である。

（5） ガイトナー新財務長官の発表したPPIP（Public-Private Investment Program）の柱は、銀行からの不良資産買取りのために財務省と民間資本が同額出資する「官民投資ファンド

(Public-Private Investment Fund)」を創設するものである。

(6) 八月一二日、長期国債買切り期間を一ヵ月延長、八月一七日にはTALFも延長した。

終章

(1) 最近は「シャードー・バンク（バンキング）」という用語が流布しているが、この用語は米大手債券運用会社のPIMCOのマネージィング・ディレクター、ポール・マッカリー（Paul McCulley）が投資銀行、コンデュイット、SIV、ヘッジファンドが、銀行間借入れ、CP、リバース・レポ、ABCP等など、預金以外の方法で資金を調達することを「影の銀行(Shadow bank)」と名付けたことによる（PIMCO, "Investment Outlook", 02/09. このレポートで二年前に命名したと述べている）。この考えのもとになっているという同社マネージィング・ディレクター、ビル・グロス（Bill Gross）もこの用語を広げている（PIMCO, "Investment Outlook", 12/07, 1/08）。

しかし彼らは、米国銀行業が変わったことを強調してこの用語を使っているが、その内容を明確に規定しているわけではない。

(2) 『〇九年米国経済白書』一四一頁。

(3) 図5において、外国からの米国への資本流入額④の中に、米国の経常収支赤字②をファイナンスする額（＝資本収支黒字）を示すことができる。この図では本文の関係を強調するために、これを省略した。

また外国からの対米資本流入については、この中に米国銀行の負債（借入）が含まれていることも注意する必要がある。たとえば、米国銀行の口座に存在する外国のドル預金は、米国輸入業者の輸入代金の外国宛て支払い等のための預金振替で増大するが、これを外国が引き出して使わない残額は米国銀行の負債（借入）として存在する。この負債（借入）が資本流入として計上されている。

（4）競争の支配するかつての資本主義では、周期的な恐慌はあくまでも実体経済における資本の運動に内在する矛盾が発現する過剰生産恐慌であった。労働者の消費が狭い枠内に制限されているもとで、生産が、設備投資の群生を軸とする第Ⅰ部門（生産手段生産部門）の不均等的発展という内容で、消費の制限・市場の制限を超えて、いわば無制限的に拡大していった結果であった。詳しくは前掲井村喜代子『恐慌・産業循環の理論』を参照されたい。

恐慌についても、資本主義の発展段階の解明、現代資本主義とその変質の解明によって、資本主義固有の矛盾とその発現の変容を把握することが肝要である。

（5）イェール大学のジェームズ・トービン（James Tobin）教授は、ブレトン・ウッズ体制崩壊後の外国為替市場での行き過ぎた投機を抑制するために、短期的な国際資本の移動に課税することを提案したが、今回の世界的金融危機において、投機抑制のためにこのトービン税（Tobin tax）をめぐる議論が再燃している。

本書で明らかにしたように、近年では投機的金融活動の内容も対象もきわめて複雑で多様になっているため、これらを抑止することは決して容易ではないが、世界の多くの人々がこれらを抑止する方策を考え、それを実現する努力をすることが不可欠である。

（6）基軸通貨ドルの信用の低下はいちじるしい。

これに対し、EU・新興諸国はこれまでのドル＝基軸通貨というシステムへの不満を高め、その改革を提案しているが、その具体化の目途もたっていない。

世界の実体経済の安定、雇用・国民生活の安定のためには、安定した国際金融秩序の構築が不可欠である。その内容を明確にすることがわれわれに求められているのである。

あとがき

今回の金融危機は世界中に莫大な損失を与えたうえ、実体経済をも巻き込み世界中に経済停滞・失業の深刻化・長期化をもたらしている。

この世界的金融危機について情報は氾濫しているが、しかし本書で指摘したように肝心のCDO・CDSやレバレッジ等について正確な統計資料は乏しいし、米国の大手投資銀行、GSE二社、AIG等の経営破綻の実態もまだ明確になってはいない。またこれに関する国内外の論評・著作は大量にのぼり、さまざまな見解が述べられ各種の用語が飛び交っているが、なぜか世界的金融危機の根源や原因についてかみ合った議論はほとんど見られない現状である。

このままでは世界的金融危機の原因も責任の所在も曖昧なまま、投機的金融活動が新しい分野で新たに再燃する危険性があるし、実体経済停滞・大量失業の克服が困難となっているゆえんも明らかにならないまま、安易な財政出動の拡大によって財政赤字が膨大化していくことになろう。

私が本書を書こうとしたのは、世界的金融危機の根源とそれが惹起される基本構図を示し、これが資本主義の歴史では経験しない新しい質の金融危機でありこれまでよりもはるかに深刻な内容のものであるゆえんを明らかにしたいと思ったからであり、本書が世界的金融危機にかんする活発な議論を生むきっかけとなることを願ったからである。

私はかなり以前から、一九七〇年代に現代資本主義が行き詰まり、これに対し米国が金ドル交換停止による金融の自由化・国際化と新自由主義を柱とする資本主義再生策を打ち出したことによって、現代資本主義の「変質」、「実体経済から独立した投機的金融活動」が生じたものと考え、この解明を自分の主要課題としてきた。二〇〇五年刊の『日本経済―混沌のただ中で』（勁草書房）では「混沌」という概念をはじめて用いたが、これはこのような米国主導の新しい資本主義の展開によって資本主義経済が「混沌」たる状況に陥ったことを明示するためであった。このような現代資本主義の変質・「実体経済から独立した投機的金融活動」は、これまでの経済理論では把握できないものであり、この解明を抜きにしては現代を解明することはできないというのが私の基本的認識であり、これが本書の基礎になっている。

私は、サブプライム住宅ローン問題が表面化した頃、金融不安の拡大の根源や基本的諸関連はほぼ理解していると思っていたが、しかし実際に新しい危機が次々と火を噴き、米国はじめ国家・国際協調が異例といえる金融救済策を強行していった現実は、私にそれまで知らなかった新事実と多くの難題を突き付けてきた。私はあらためて、ますます複雑化したCDO、CDS、S-CDO等の具体的仕組みとリスク累増の内容、米国大手銀行と傘下機関、GSE二社、ヘッジファンドの実態、米国の規制緩和の実態等を検討することによって、自分のそれまでの基本的考えを検証しより充分なものにしなければならないと考えた。これらを理解することはきわめて困難なものであった。

本書の目的は現状分析そのものではなく、世界的金融危機の根源とそれが惹起される基本的関連・基本的構図を明らかにし今回の世界的金融危機が資本主義の歴史で例のない新しい質のものであるゆえんを明らかにすることであったが、本書の構成で最後まで苦しんだのは、具体的な仕組み・諸関連や現実的政策の説明と、世界的金融危機を惹起する諸連鎖、世界的金融危機の基本構図の理論的解明とをいかに統合していくかということであった。本書で明らかにしたように、金ドル交換停止・初期IMF体制崩壊の後にはドル・基軸通貨の膨張には歯止めが無くなり、金融活動が実体経済から離れて膨大化していったが、かかる資本主義経済に関する理論的解明はどうあるべきかはきわめて重い問題であった。

本書がその目的をどれだけ達成できたのかは読者の判断にゆだねるほかはない。

私は金融不安が表面化した二〇〇七年六月頃、共同研究者の北原勇との共著『現代資本主義の展開とその行方』(仮題)の執筆に取り組んでいたが、それを一時中断して世界的金融危機の考察に集中した。本書は北原の協力に支えられてなんとか完成することができたが、これをつうじて二人が痛感したことは、世界的金融危機勃発と国家の強力な金融救済策の強行によって、現代資本主義がますます多くの難題を抱えたうえ、その行方は中国経済の躍進等も加わっていっそう混沌としてきたということである。今後はきわめて困難なことではあるが、現代資本主義の現状と行方についての仕事の完成に挑戦していきたいと思っている。

最後に本書では資料・年表を昨〇九年八月末までとしたが、すぐ完成する予定の原稿が遅れてしまったことを読者にお詫びしなければならない。

末尾になったが、多くの方々に感謝を申し上げる。旧くからの大学研究者たちの「理論経済学研究会（理研）」、慶應義塾大学の井村ゼミ・北原ゼミOBの社会人研究会・「美土代研」で、自由闊達な討論を行ってきたことは本書にとって貴重なものであった。金融商品・金融取引の具体的内容については両ゼミOBや卒業生の金融実務のエキスパートたち、また高田太久吉中央大学教授にいろいろ教示していただいた。ゼミOBの天城敞彦氏には校正を読んで助言をしてもらった。皆さまに心からの感謝を申し上げる。

勁草書房の宮本詳三編集長には、複雑な組み、煩雑な図表でご苦労をかけ、索引作成の労を執っていただいたうえ、校正段階での修正でご迷惑をかけた。印刷関係の方々には面倒な仕事と修正でご苦労をおかけした。私のささやかな著作の編集・出版にご尽力いただいた方々に心からのお礼を申し上げる。

二〇一〇年一月二〇日

井村　喜代子

索　引

ア行

カ行

サ行

タ行

世界的金融危機の年表

2007年6.22	米大手投資銀行ベア・スターンズが傘下ヘッジファンド2社へ資金援助。
7.10	米格付会社、サブプライムローン関連RMBS・CDOを格下げ。
8.09	フランス最大手銀行BNPパリバが傘下3ファンドの凍結。
8.09	欧州中央銀行（ECB）が2035億ユーロ緊急資金供給 米FRBが1012.5億ドル緊急資金供給。
8月末	米ABCP市場で混乱開始。
9.14	英住宅金融ノーザン・ロック銀行で預金取付け騒ぎ（英140年ぶり）。
9.18	FRB、FF金利引下げ開始5.25%→4.75%。
10月	米欧銀行が中間決算で膨大な損失。メリルリンチCEO、シティグループCEO退任。
10.31	FRB、FF金利引下げ4.75%→4.50%。
12.11	FRB、FF金利引下げ4.50%→4.25%。
12.12	米欧5中央銀行が史上初の協調的大量資金供給。
2008年1.16	米格付会社、モノライン大手アムバックを格下げ。モノライン大手の経営危機・格下げ相次ぐ。
1.18	ブッシュ大統領最大1500億ドルの緊急景気対策の骨子発表。
1.22	FRB、FF金利大幅引下げ4.25%→3.50%。
3.11	米欧5中央銀行が2回目の協調的資金供給。
3.16	ベア・スターンズが経営破綻、JPモルガン・チェース銀行による救済合併、FRBが特別融資。
3.17	FRB、プライマリー・ディラー向け連銀貸出制度創設、

公定歩合引下げ。

3.18　FRB が FF 金利大幅引下げ 3.00%→2.25%。

4.30　FRB、FF 金利引下げ 2.25%→2.00%。

7.11　住宅ローン大手・地銀インディマック・バンコープ破綻。

7.13　米財務省、ファニーメイ、フレディマック 2 社の救済発表。

7.30　米「住宅経済復興法」成立（両社への支援等）。

9.07　米政府ファニーメイ、フレディマックを政府の管理下に。

9.15　米投資銀行リーマン・ブラザーズ倒産。米国史上最大の倒産。

9.15　米投資銀行メリルリンチをバンク・オブ・アメリカが買収。

9.16　世界最大の米保険会社 AIG が経営破綻、政府が管理下に。

9.16　FRB、ECB、BOE が緊急資金供給。

9.18　米欧日 6 中央銀行が史上初「ドル供給制度」で緊急ドル供給。

9.20　米政府 7000 億ドルの「緊急経済安定化法案」提案。

9.21　FRB が投資銀行ゴールドマン・サックス、モルガン・スタンレーの銀行持株会社への移行承認。米投資銀行が消滅。

9.25　S&L 最大手ワシントン・ミューチュアルが破綻。

9.29　米下院、共和党の一部反対で緊急経済安定化法案否決。ニューヨーク株価大暴落・ダウ史上最大の下落。世界同時株安始まる。

9.30　米欧日 10 中央銀行が「ドル供給制度」枠を倍増、ドル供給（10 月 13 日、その上限撤廃）。

10.03　米下院、修正「緊急経済定化法案」可決。同法成立。

10.03　米ウェルズ・ファーゴ銀行がワコビア銀行を買収。

10.06　世界的株暴落の再開　ダウ 4 年ぶりに 1 万ドル割れ。ドル売り・円約 5 円高騰（一時 100.31 円）。

10.06 アイスランド政府、金融非常事態宣言。24日、IMF緊急融資発表。

10.07 FRBがコマーシャルペーパー（ABCP含む）の買取制度。

10.08 米欧6中央銀行が初の協調利下げ。FF金利2.00%→1.50%。

10.10 G7が金融危機対策「行動計画」発表。米欧、公的資金供給。

10.14 米、大手9銀行への公的資金供給を発表（不良債権買取り用から転用）。同28日実施。

10.24 景気悪化懸念で株の世界同時下落の再燃。ダウ27日8175.77ドル。日経平均24日8000円割れ。

10.29 FRB、FF金利を1.0%に。日銀公定歩合31日0.3%に。

10.31 ニューヨーク株史上最大下げ幅。

11.05 IMFが対ウクライナ融資承認。対ハンガリー融資等の承認続く。

11.14〜15 G20による「金融市場および世界経済に関するサミット」。

11.23 米シティグループ経営危機、政府が支援（資本注入、保有資産への政府保証）発表。

11.25 FRBが8000億ドルの追加金融対策（CP・ABCP直接買取り、ABS保有者支援、GSE 2社発行のRMBS・MBSおよび債券買取り）。

11.26 EU 2000億ユーロの経済対策、各国の財政赤字による財政出動を容認。

12.04 EU諸国、再度大幅金利引下げ。

12.16 FRBがFF金利を0.00〜0.25%、事実上のゼロ金利。

12.19 日銀公定歩合を0.1%に。

12.19 米政府がGM（ゼネラル・モーターズ）、クライスラーに支援策発表。

秋以降、米欧日諸国、金融危機と実体経済悪化が深刻化。

2009年1月　米国オバマ新政権発足。

2.10　米財務省が「金融安定化策」発表。

2.17　米、過去最大7870億ドルの「米国再生・再投資法」成立。

2.18　住宅保有者支援等の住宅対策発表。

3.18　FRB、長期国債3000億ドル「買い切り」、GSE　2社発行のMBS・RMBSおよび債券の買取り枠の拡大等を発表。

3.20　米財政赤字は09年会計年度（08.10～09.9）過去最大の1兆8000億ドル（米議会予算局発表）。

3.23　米政府、不良資産買取りのための官民投資プログラムを発表。

4.30　クライスラーが破産法第11条の適用申請。

6.01　GMが破産法第11条の適用申請。米政府が国有化。

6月　FRBの総資産（バランスシート）約2兆1000億ドル（07年7月の2.3倍に）。

8.12　FRB、長期国債の買い切り期間を1ヵ月延長。

注1）　2009年8月末まで。

注2）　米国を中心とした。

著者略歴

1930年　金沢市に生まれる
1952年　慶應義塾大学経済学部卒業
1958年　慶應義塾大学大学院経済学研究科博士課程修了
1955年　慶應義塾大学経済学部副手、その後、専任講師、助教授、教授
1995年　定年退職　慶應義塾大学名誉教授
経済学博士

主著『恐慌・産業循環の理論』有斐閣、1973年
『「資本論」の理論的展開』有斐閣、1984年
『現代日本経済論――敗戦から「経済大国」を経て』有斐閣、1993年
『現代日本経済論〔新版〕――戦後復興、「経済大国」、90年代大不況』有斐閣、2000年
『日本経済――混沌のただ中で』勁草書房、2005年

世界的金融危機の構図

2010年2月15日　第1版第1刷発行

著　者　井《い》村《むら》喜《き》代《よ》子《こ》

発行者　井　村　寿　人

発行所　株式会社　勁《けい》　草《そう》　書　房

112-0005 東京都文京区水道 2-1-1　振替　00150-2-175253
（編集）電話 03-3815-5277／FAX 03-3814-6968
（営業）電話 03-3814-6861／FAX 03-3814-6854
精興社・青木製本

ISBN978-4-326-55062-3　Printed in Japan